喬志先生
愛情診斷室

一 句 神 回 覆 ， 強 過 千 言 萬 語 的 苦 勸

前 言

初秋的下午，天氣好得沒有道理，路上來往的男女似乎都被好天氣感染而不自覺的上揚著嘴角。但這美好的畫面，跟我眼前的這張廢臉比對起來，根本是嘲笑。

他蒼白著一張臉，像是一隻被丟在垃圾堆裡，小女孩再也不喜歡的填充娃娃一樣，眼神空洞無神頹坐在我面前。這時候，即便是天真無邪的孩子對他堆起笑臉，他都會認為孩子是否已看穿他心裡的軟弱。

他拿出一支菸，熟練地夾在指尖，沒有點燃，一動也不動，就像是信義區的街頭藝人一樣。

「那個……你的菸……」我想提醒他的菸沒有點上，「喔喔……對不起，薰到你了嗎？」他試圖把那支沒點燃的菸捻熄在菸灰缸裡，然後沒頭沒腦逕自的說起：「是我的錯……這 8 年來我把她保護在家裡……這下她看見了外面的世界……我變得平凡，無趣，滿足不了她的好奇心了……」

他們結婚 8 年，是我很羨慕的一對夫妻。他的她，美麗、青春、懂事，擁有讓人難以忘記的迷人笑容，而他高大、耐看、負責任，還是個生活行動家、事業實踐者，是女孩們心目中難得的好男友好丈夫綜合款。其實，這是自從他結婚 8 年後，第一次見面，我看著面前坐著的這個人，以前是一個樂觀開朗笑聲大到令討厭的男人，現在，竟然重重的被感情擊垮，臉上的鬍渣，

凌亂的頭髮，還有像是哭過之後微紅的下眼眶，焦慮煩躁的神情藏都藏不住。

他長嘆一口氣後，開始像是循環播放一樣，不斷在他與她的問題上迴圈。之後幾週，他幾乎每天下午都會找我喝咖啡，我也總是聽著循環播放……

三個月後，他離了婚，他刮鬍子，他整理頭髮，眼睛不再布滿血絲，笑聲又開始大得討厭。有一天，他突然跟我說：「前一陣子，謝了。」我才意識到我幫了他，還有一點開心，難道，這也是一種能力？

即使那個下午，我什麼建議都沒有給他……

如果，這份能力可以幫助更多人，找回愛情的能力，那麼，我就必須善用它。我相信不管是一段文章，還是一句話，只要能拯救點什麼，舒緩點什麼，哪怕是讓你停下來一下下都好。

停下來想一想自己的愛情是不是真的這麼複雜難懂。

停下來想一想也許自己才是愛情裡最大的誤解。

停下來看一看這本書。

愛情診斷室，開張。

目錄

愛情必要不必要

我認識很多好女生，但是她們就是不能對男生好一點；
我認識很多不錯的男生，
但是他們就是不能在感情上少錯一點；
這一點，決定一切。

01

5 分熟

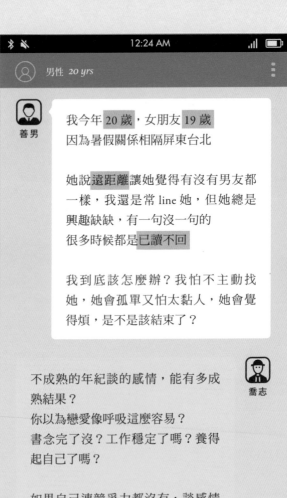

男性 *20 yrs*

善男

我今年 20 歲，女朋友 19 歲
因為暑假關係相隔屏東台北

她說遠距離讓她覺得有沒有男友都
一樣，我還是常 line 她，但她總是
興趣缺缺，有一句沒一句的
很多時候都是已讀不回

我到底該怎麼辦？我怕不主動找
她，她會孤單又怕太黏人，她會覺
得煩，是不是該結束了？

不成熟的年紀談的感情，能有多成
熟結果？
你以為戀愛像呼吸這麼容易？
書念完了沒？工作穩定了嗎？養得
起自己了嗎？

如果自己連競爭力都沒有，談感情
怎麼順利？

喬志

+ | Enter message…

請想辦法把自己變強，變成對方身邊無法取代的人

半熟的年紀，
大概最在乎的就是 LINE、FB、LOL、上課、放假，
至於談戀愛，唯一剩下就是身體的樂趣與陪伴。
距離一遠，
陪伴沒了，
樂趣也不見了。

對方興致缺缺，合理。

但是除了這些，人生還有太多課題等著去完成。
沒有完成學業、工作沒有著落，談感情怎麼順利？

請想辦法把自己變強，變成對方身邊無法取代的人。
戀愛，真的不是必需品。

其他人看到我回的話有很似曾相似嗎？
對，這個年紀的戀情問題都自以為濃烈，
妳，被我複製貼上了。

開
始
懂
了

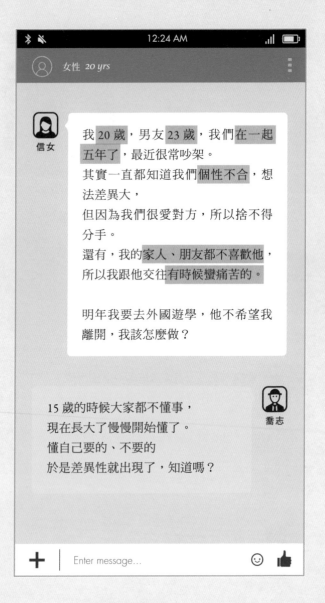

信女

我 20 歲，男友 23 歲，我們在一起五年了，最近很常吵架。
其實一直都知道我們個性不合，想法差異大，
但因為我們很愛對方，所以捨不得分手。
還有，我的家人、朋友都不喜歡他，所以我跟他交往有時候蠻痛苦的。

明年我要去外國遊學，他不希望我離開，我該怎麼做？

喬志

15 歲的時候大家都不懂事，
現在長大了慢慢開始懂了。
懂自己要的、不要的
於是差異性就出現了，知道嗎？

當我們長大，變成不一樣的人

為什麼我們都想回到小時候？
簡單的生活、直接的想法，
那是大家一起哭笑耍蠢的平等時光。
長大之後，環境跟生活把我們變成不一樣的人，
「不妥協」就出現了，「不適合」就產生了。

很顯然，妳比妳男友早發現自己要什麼，

剩下的，就是男生能不能接受妳長大的事實。

當差異開始存在，
痛苦的一定是已經發現的那一方，
15 歲女孩與 17 歲男孩的簡單與直接，
就停在回憶裡了。

 請真誠面對自己，也請另一半面對妳。
我們都長大了。

實
習
愛
情

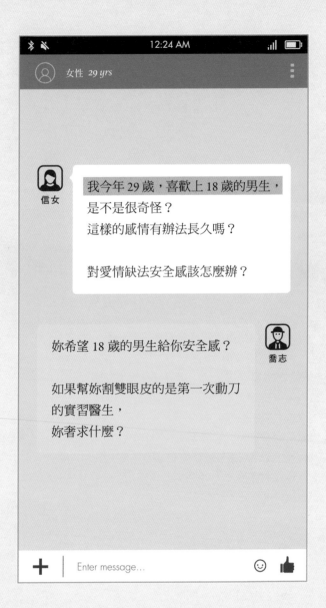

看病，都知道找有經驗的醫生，
怎麼談戀愛就全忘了？

第一次執刀的醫生啊，
手汗／思緒混亂／頭皮發麻／腎上腺素狂飆……

如果妳要的，
剛好就是小男生的
手汗、思緒混亂、頭皮發麻
那就一點也不奇怪了。

但是，
腎上腺素狂飆之後會做的事，
就看妳受不受得了了，
這跟年齡差多少，沒有太大關係。

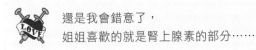

還是我會錯意了，
姐姐喜歡的就是腎上腺素的部分……

怎樣能看起來成熟點？

拿奇異筆畫鬍子，應該可以成熟一兩天。

(02)

必要不必要

女性 *30 yrs*

信女

6 年前我跟一位 T 在一起，是大學畢業後才交往。交往初期一切都很美好，後來她的前女友亂了我們的交往一年多，前女友甚至會到她家住。我數次提分手，她給我的理由是因當時那女生精神狀況不好，而且她們交往 4 年有感情，不忍那麼絕。就這麼跌撞近一年多終於沒事了。

我們交往有些磨擦，我所受不了的事她永遠不會改，我毅然決然分開，跟一個男生在一起。她求我回心轉意近 3 個月，然後飛往澳洲工作。之後我交往了第二個男友，但與她相處了 3 個月，我發現還是愛她，所以我跟男友分手。

如今她又飛往澳洲，卻只靠 mail 往來，她說過要看我怎麼做，也許想試驗我是否又會和別人交往？

妳應該養狗，妳根本不適合談戀愛。還有，都 30 歲了是不是把精神放在自己的人生上面努力。

喬志

 Enter message...

單純專一，
才是愛情最重要的價值。

人活著，
總是需要一點價值，
不是多大多小的成就，
但就是一點點為了生活努力也好。

偏偏許多人把感情生活當成職志，
精彩的故事誇張的情節，
非得這樣證明自己的價值嗎？

偏偏，
在整個過程中，
遺忘了愛情最重要的事：單純。
失去了這個精神的愛情，
就會讓自己在錯綜複雜的危險關係中，
疲於奔命。
但是似乎有些人好像也只能這樣，
才覺得自己是主角，
才覺得自己活著？

提議養狗的理由是
請妳先暫時靜一靜，
試著跟感情最專一單純的生物
相處看看吧！

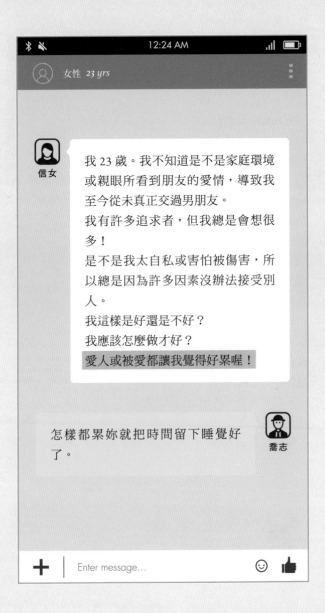

在愛情面前有兩種人。
一種是低著頭往前衝，
痛了，頭破血流了才知道要停下來。
另一種是認為自己有了十足把握，
但是還是撞得頭破血流。

因為愛情會帶給妳的痛苦，
不是妳準備好，就可以少痛一點。

愛是帶著傷害，帶著刺的，
它不是垂手可得的，
因為垂手可得的愛情，妳也不會珍惜。

妳可以在迎接愛情之前，
把愛情的前、中、後，
演練一百一千一萬次，
但是它不可能照規矩來的。

愛情如果有章法可循，
就不會如此讓人意亂情迷。

遇見、面對、體會，
愛情裡的好與壞，都得自己嚐嚐看。

愛與被愛都覺得好累？
那是妳還沒遇到讓妳心甘情願累死的人。

必要的聆聽

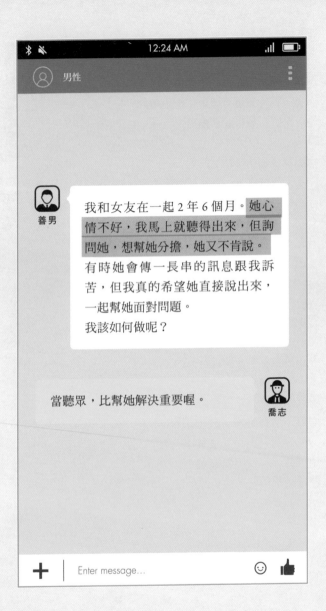

我曾經跟女朋友大吵一架，原因竟然是
「她不想聽我幫她解決問題」

當下的我百思不得其解，身為男性，或
是伴侶，不就是要替對方在碰到問題時，
提供解決事情的建議嗎？

很快的我就發現我錯了。

這件事情真的是男女大不同。
男生，紓解遇上問題的壓力，就是趕快解決壓力；
女生，卻是靠敘述問題的經過來解決壓力。
把一件事情的原委整理好，娓娓道來的過程中，
大部分女生就會有解決的方法。
原因很簡單，女生本來就是屬於比較不衝動的思考邏輯，男
生的思考方式卻線條粗得多。
所以當女生在敘述說明，甚至抱怨一個問題的同時，她們也是
正在檢閱問題本身的，不用多久，她們自然會有解決的答案。

所以，男生在中途一直提供自己的意見，甚至是完美的解決
方案，對正在靠敘事抒情的女生來說是大・大・打・擾。
思緒被打斷，自然就會不爽，不爽就會遷怒，留下一旁熱心
提供解決方法的男人一頭霧水。
如果這個男生也惱羞，那就有得吵了……

聆聽，對女生來說，是一種療程，是一種紓解，
更是一種重要的社交形式。

不必要的聲音

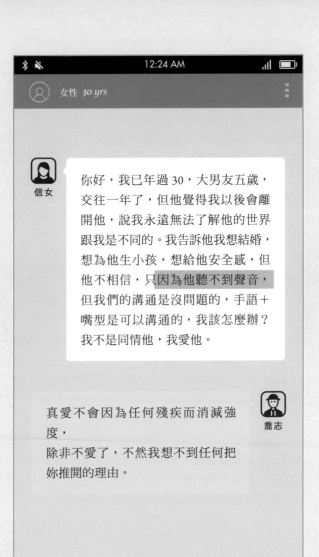

女性 30 yrs

信女

你好，我已年過 30，大男友五歲，交往一年了，但他覺得我以後會離開他，說我永遠無法了解他的世界跟我是不同的。我告訴他我想結婚，想為他生小孩，想給他安全感，但他不相信，只因為他聽不到聲音，但我們的溝通是沒問題的，手語＋嘴型是可以溝通的，我該怎麼辦？我不是同情他，我愛他。

喬志

真愛不會因為任何殘疾而消滅強度，
除非不愛了，不然我想不到任何把妳推開的理由。

Enter message...

給他妳的心意，
妳的感情，
還有妳。

其實我很羨慕瘖瘂人士的世界，
因為不需要聽到喧囂，吵雜，虛情假意。
自己可以擁有一個安靜的全世界，
是多麼奢侈的事。

當然，愛與被愛的能力，
不會因為任何殘疾而變得不公平，
反而會因此而變得簡單並且清晰。
我的意思是說，
排除了被情緒影響，過度表達的聲音與表情，
用心感受到的，才是最真實的感情。

妳是因為愛還是因為同情才跟他在一起，我不知道。
但是他一定可以比我更清楚的感受到答案。

妳的心意，妳的感情，還有妳，
如果是他想要的，
那，我想不到任何他應該把妳推開的理由。
反而應該是對妳高興，感動，格外珍惜。

老天讓他們失去部分能力，
但是分辨自己愛的能力，是奪不走的。

23

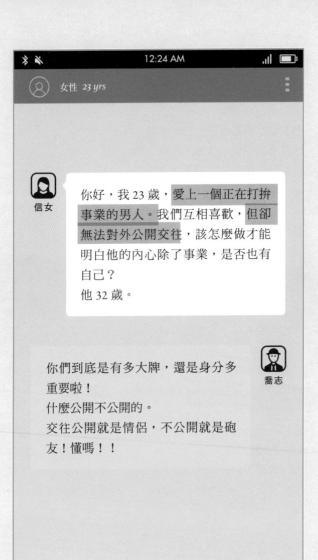

女性 23 yrs

信女

你好，我 23 歲，愛上一個正在打拼事業的男人。我們互相喜歡，但卻無法對外公開交往，該怎麼做才能明白他的內心除了事業，是否也有自己？
他 32 歲。

喬志

你們到底是有多大牌，還是身分多重要啦！
什麼公開不公開的。
交往公開就是情侶，不公開就是砲友！懂嗎！！

Enter message…

身分神秘這件事，
似乎很能吸引人。
因為不能公開的關係，
總是多了一些刺激感？
還是那種「只有我倆對抗世界」的感覺，
特別讓人腦內啡全開？

別傻了，
除非妳是證人保護計畫，
或是艋舺大哥的女人，
抑或是億萬身家後代，
再者全球天王巨星，
不然，我真的不知道不公開的原因是什麼？

不公開，就是不存在。
不存在的東西，出事了，自然不用負責。
拚事業？身分敏感？
周董跟昆小姐都公開了，
敢問閣下是？

不公開就是：
不想負愛情的責，卻想止身體的渴。
性伴侶而已〔這是我想到最文雅的說法了〕

② 必要不必要 —— 不必要的擔心

女性 32 yrs　12:24 AM

喬志先生你好，我 32 歲，是個單親媽媽獨自撫養 2 個小孩，離婚 10 年了。我現在有個穩定交往的男友，對我很好也會照顧我的小孩，我們也論及婚嫁了，但我還是會擔心也會怕，我該怎麼做才好呢⋯⋯

拖著不決定會失去他，結婚最壞結果是失去他。
如果妳的想法是這樣，何不快樂的擁有他？
反正最後都會失去他？

謝謝你，我知道怎麼做了。

Enter message...

患得患失，
是我們難免的情緒，
對人生，對事業，對已經握在手上的東西，
更何況是對於難以掌握的愛情。

鮮少有人可以把愛情所附帶的好壞，
將它像是合約一樣條列得清清楚楚，
再說，如果愛情中的風險都可以預測，巧妙避開，
那麼愛情就不會如此吸引人了。
因為未知，所以我們在愛情中冒險；
因為冒險，所以獲得果實更加甜美。

開始就想著結束，妳就會朝著結束前進。
把怕痛，怕失去，怕難過的情緒，
留到事情發生的那一刻去擔心吧！

愛情裡最壞的打算，
就是一直打算著最壞。

27

必要的尊重

善男

我 25 歲，如果一段愛情因為宗教因
素，而產生不同理念的話，那這段
感情能夠持久嗎？
我女友因為信仰的關係，常常忙於
她的宗教活動。我覺得有點過了頭。
如果我想改變的話，有什麼方法
呢？

愛情會散，但是神永遠與你同在。
在她的世界裡，宗教大於愛情，只
要不是邪教，你要尊重。

喬志

Enter message…

宗教碰上愛情，
常常有理說不清。
其實這兩者是一樣的，
它們都令人深信，臣服，崇拜，
並且支持著我們的心靈，
給予我們相信的力量。
只要是正常、正面的宗教信仰，
都不會違背良善的原則，
愛情也是。

任何利用愛情或是宗教力量傷害別人的事，
都不應該被允許。
我們能做的，
就是尊重彼此的宗教，並且珍惜彼此。

你的另一半熱衷宗教活動忽略你？
顯然宗教給她的支持與快樂大於你給的，
請檢討。

不必要的大方

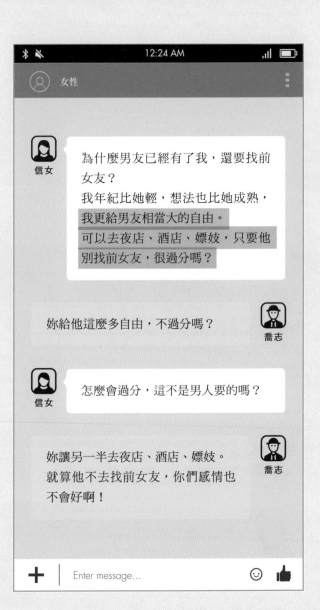

信女
為什麼男友已經有了我，還要找前女友？
我年紀比她輕，想法也比她成熟，我更給男友相當大的自由。
可以去夜店、酒店、嫖妓，只要他別找前女友，很過分嗎？

喬志
妳給他這麼多自由，不過分嗎？

信女
怎麼會過分，這不是男人要的嗎？

喬志
妳讓另一半去夜店、酒店、嫖妓。
就算他不去找前女友，你們感情也不會好啊！

有些觀念，聽聽就好。
有些觀念，只是好聽。
「讓男人出去玩，玩累了他就會回家」
這件事情是指一般應酬，
或是他熱衷的興趣，
只要不是違背道德與承諾的，
就讓他去吧！

但是，
不能因為愛，
就讓自由無限上綱，
變相成為寵愛男人的理由。

裝大方讓男人長時間暴露在誘惑中，
這不是情感自殺是什麼？
讓男人習慣了這種寬到海邊的界線，
又怎麼能拉他回到只屬於兩個人的專情世界？

愛情需要的基本尊重與自制一旦失去了，
他就會像是在遊樂園裡玩瘋了的孩子，
不想回家。

過度給予自由，
就是一種對愛情的不負責。
不是說男的，我是在說妳。

女性 *27 yrs*

信女

我 27 歲，跟男友在一起六年多。我們相隔兩地。

前幾天因為公事跟別的男生吃飯，我沒跟男友說（單純想避免麻煩），結果被男友的好友看到。我也向對方說明跟我吃飯的男生的身分，並告知不用跟我男友說，怕他會鑽牛角尖。

後來，他好友把我吃飯的照片傳給男友。現在男友覺得為什麼我要騙他，質疑我可能趁他在外地上班時，背著他亂來。

喬志

單純避免麻煩？
不說，就是單純找自己麻煩啊？

Enter message...

戀愛中的信任，
是很薄弱的。
有時候比一張紙還經不起考驗。

尤其是遠距離戀愛，
在只剩下通訊軟體的維繫下，
更應該小心維持彼此的信任。
如果是情人在身邊的時候，
會懂得在交際方面避嫌，
那為何距離一遠，就什麼都忘了？
錯在鬆懈，
因為遠，所以鬆懈；
因為不可能有人知道，所以鬆懈。

妳的男友如果會在意這種事，
但是妳因為遠距離所以偷偷嘗試，
最後的下場就是準備解釋。
妳覺得不跟男友交代行蹤，是避免麻煩？
結果讓別人跟妳男友說，
不是更麻煩？

談公事不說，怪。
被朋友發現了卻交代朋友別說，
怪慘了。

12:24 AM

女性 34 yrs

信女

我 34 歲，男友 45 歲。交往十年。當初因為懷抱夢想，打算一同打拚事業，我努力的當好女友、好夥伴，也盡力的扮演好後媽的角色，照顧他的兒子。我一度以為能夠組成美滿的家。

他說再婚不在他的人生規畫裡，所以不可能和我登記。

他說兒子青春期叛逆討厭我，所以和兒子搬離住處，也不告訴我住哪裡。

他說要給兒子幸福的家庭回憶，所以和前妻全家出國旅行，要我幫忙整理行李。他說，我要懂事一點體貼一點。

他的紅粉知己來找他，他說先住在他那裡。他們還有空房。

我好幾次想離開，都放不下打拚的事業。我該繼續嗎？

文章裡有 5 個他說，妳說呢？

喬志

＋ | Enter message...

他得寸進尺，你使命必達。

感情就像華爾滋，

有人退一步，就代表有人進一步。

只是華爾滋的一進一退，

會編織成華麗舞步，

但是在感情中節節讓步，

就是朝結束更進一步。

而且，

他的得寸進尺是不但不會不好意思，

反而會變本加厲。

然後妳為了他，嚴重的妥協自己的每一項原則，

久了之後，自己都變成一個自己不喜歡的人，

更別提他還會珍惜喜歡妳。

這時候的妳，不過就跟一個快遞差不多，

任何要求，使命必達。

這種讓步，不是好女人，

而是讓妳變成爛好女人。

相處中的小原則可以改變，

但是感情中大原則不能讓步。

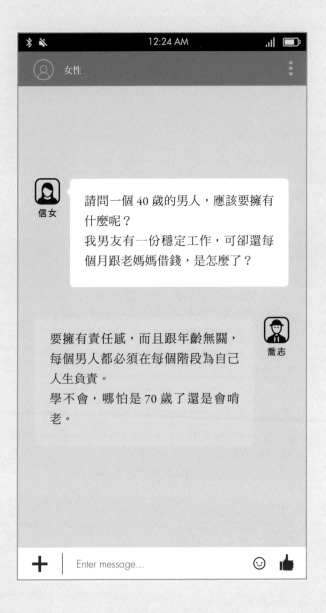

信女

請問一個 40 歲的男人，應該要擁有什麼呢？
我男友有一份穩定工作，可卻還每個月跟老媽媽借錢，是怎麼了？

喬志

要擁有責任感，而且跟年齡無關，每個男人都必須在每個階段為自己人生負責。
學不會，哪怕是 70 歲了還是會啃老。

Enter message...

切不斷家庭臍帶，
怎能負責下一代。

身為男人，
沒有人叫你要在 10 歲的時候去工作養活家人，
但是如果到了 40 歲還在借錢養活家人，
那肯定不是什麼好事。

當然，人生際遇不同，
人生也沒有使用手冊可以照著做，
成功定義與條件更是模糊不清，
但是身為女人，請相信妳們的直覺。
看看身邊的這個男人，
不妙的事，就是不妙。
如果你的男人連基本生存條件都具備不了，
覺得靠愛情就可以吃飽，
那妳就慢用吧！

責任感是感情裡的必需品。
負責任的追求妳，
負責任的交往，
甚至負責任的分手。

不必要的新鮮感

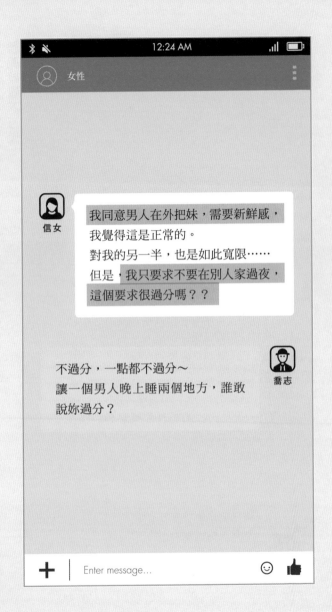

12:24 AM

女性

信女

> 我同意男人在外把妹，需要新鮮感，我覺得這是正常的。
> 對我的另一半，也是如此寬限……
> 但是，我只要求不要在別人家過夜，這個要求很過分嗎？？

喬志

不過分，一點都不過分～
讓一個男人晚上睡兩個地方，誰敢說妳過分？

Enter message…

把自己變成新鮮感，
而不是讓對方去外面
找新鮮感。

男人需要新鮮感這件事是正常沒錯，
但是在單身跟在交往中必須區別開。

單身的時候，多嘗試與不同的對象相處，
見見各種人，事，物，豐富自己的人際資料庫，
除了可以預防一談戀愛就死心眼之外，
還可以保持對愛情的高度好奇心及熱誠。

但是如果在交往中，
請把新鮮感這件事，放在兩個人共同經營的生活上，
為彼此創造新鮮感，而不是讓對方去找新鮮感。

通常同意另一半出去大玩特玩，
還裝做一副不在意的大方姿態，
這種人大多缺乏感情自信。
所以預設一個大方放任的假象，
欺騙自己接受根本抓不住對方的事實。
說穿了，
就是合理化自己感情上的無能。

還有一種更糟糕的，
是懶得經營感情，
才會同意這種新鮮感的存在。
這種想法，
比沒有感情還糟糕。

39

必
要
的
能
力

保留一點點自己給自己。

其實大家都懂，
自己一個人也可以過得很快樂。
只是在遇上了愛情後，
太在意讓對方快樂，
或是太恣意從對方身上取得快樂，
以至於失去了，或是疏於練習，
那個讓自己快樂的能力。

當一段感情結束了，
瞬間不知道怎麼讓自己好好過了。

一開始我們不也都是一個人嗎？
能吃能睡能呼吸，並且能開心的笑著？

所以，不要讓任何人奪走妳讓自己快樂的能力，
有時候，在談戀愛的過程裡，保留一點點自己給自己。
不算犯規，合理。

累積自己的幸福，
感激對方給妳的幸福，
這才是幸福。

12:24 AM

女性 30 yrs

信女

我30歲，單身，談過五次以上戀愛，卻從來沒有超過兩年。

通常都是對方先追求我，但交往到一年半之後就會被甩……理由大都是受不了我，個性不合。我也知道理由再多，也就是不愛了而已。

一開始，我還總是期望下一次會幸福，不過現在我已經完全不敢期待，任何男性的示好我都會害怕跟拒絕……感覺好像已經看到一年半後的失戀。

我該怎麼辦？可不可以之後要求對方簽一份合約：先甩掉我要附帶民事賠償之類的？我現在真的覺得感情好沒保障，交往時兩個人都要同意，分手時卻只要單方面決定。我就保持單身好了？還是我只是沒遇到適合的人？

保障？妳以為感情是定存，只會多不會少？

喬志

 Enter message...

當感情崩盤的時候，
妳也必須負 $\frac{1}{2}$ 的責任。

在一段關係中，
愛情的強度本來就是會漲漲跌跌，
經營感情更是沒有保證班可以上。

錯誤的想法是，
我付出的多，對方就應該心存感激。
最常聽到的就是，
「都這麼多年了，我不甘心」這類的話。
愛情不是定存或是買保險，
並不會因為妳「存的越多，回饋越多」。

是阿，既然妳也知道「交往的時候要兩個人都同意」，
那麼，
當感情面臨崩盤的時候，妳也必須負 1 ／ 2 的責任。

再者，妳如果不斷的在一段又一段的關係中轉換，
是不是也好好想想自己是否太輕易進入感情中？

愛情沒有保障，也沒有保險可以買，
最好的保障就是不輕易接受對方的自己。

43

必要的陪伴

善男

我 21 歲，女友 20 歲。我跟女友才交往一陣子，可是最近她卻跟我提分手，原因是她被診斷出胃癌末期，醫生說可能沒有辦法撐到開刀，如果撐到開刀了，成功機率也只剩50%。

她說會跟我分手是因為如果她真的有什麼三長兩短，她怕我已經越愛越深，到時候走不出來，沒辦法生活。但是我們都很愛對方，這段期間我應該要怎麼面對？

喬志

陪啊，但是你自己要夠堅強，不可以半途而廢，就算結果是不樂觀的50%，這樣感情也不會白費，因為你可以驕傲的做她在人生中最可靠，最美，最後一段感情。

有些人在自己狀態不好的時候，
特別需要人鼓勵與陪伴，
但是有些人就不是這樣。
她不喜歡自己生病的樣子被你看到，
她不希望眼睜睜地看兩個人為了一個人的病痛一起消沉，
她只好忍痛提早結束，把身邊最親近的人都推開，
也許是家人，也許是朋友，也許是你。

這個時候你的態度會變得特別重要，
因為除了面對病痛對她的折磨，和你自己內心的煎熬，
你要連她，還有她身邊朋友、家人的低潮，
一起承擔下來。

其實你大可以一走了之，
她也給你機會讓你走了，
但是，有你堅持留下來陪在她身邊，
她內心一定是快樂的。
因為你給她的，是真正無私的愛，
也是最後，最重要的感情。

 你要留下來陪她，就要陪到底，
中途離開，比親手殺了她還殘忍。

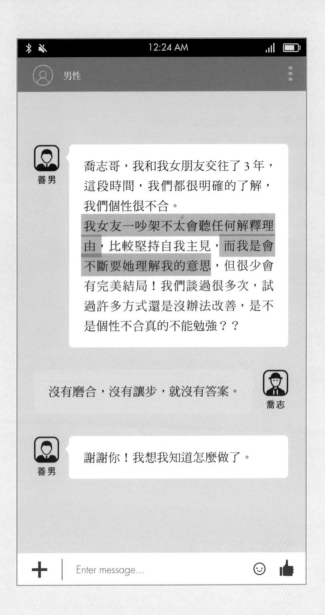

每個人都來自不同的家庭背景，

從兩條平行線，因為緣分開始變得有交集。

如果順利，這兩條線會有一個交點，

幸運的話，這個交點也會是終點。

但是如果沒有辦法取得共識，

兩個人就會從交點繼續向各自原本的方向前進。

相處，會發現兩個人許多不同之處，

當各自有堅持，或是碰到與成長經驗相抵觸的情形時，

最親密的人，最容易爭吵。

「妳明明就了解我的，為什麼還要這樣做？」

「你這樣說，分明就是要讓我生氣！」

於是，在各自的堅持下，

和好卻沒解決的問題會不斷堆積，

直到有一天滿出來的憤怒推翻了愛情。

你們丟給這種情形一句話，叫做：

「我們不適合。」

可惜的，是面對這個結局之前，

你們甚至連磨合、讓步，都還沒嘗試過，

就這麼放棄了。

我們氣的，倒不是對方真的做了什麼大不了的事
氣的，是無法接受惹自己生氣的，竟然是自己愛
的人。

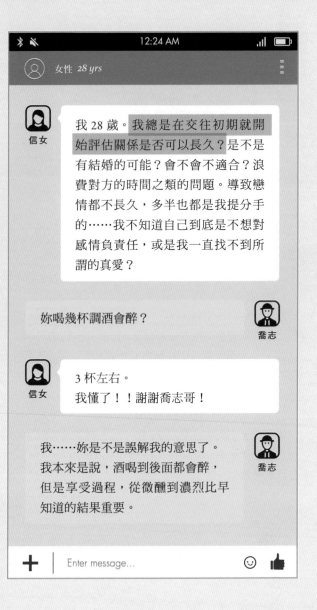

12:24 AM

女性 *28 yrs*

信女

我 28 歲。我總是在交往初期就開始評估關係是否可以長久？是不是有結婚的可能？會不會不適合？浪費對方的時間之類的問題。導致戀情都不長久，多半也都是我提分手的⋯⋯我不知道自己到底是不想對感情負責任，或是我一直找不到所謂的真愛？

喬志

妳喝幾杯調酒會醉？

信女

3 杯左右。
我懂了！！謝謝喬志哥！

喬志

我⋯⋯妳是不是誤解我的意思了。
我本來是說，酒喝到後面都會醉，
但是享受過程，從微醺到濃烈比早知道的結果重要。

Enter message...

妳只看到條件，妳就只剩下條件，只有條件的愛，要幹嘛？

喝酒如果只為了喝醉，
那世界上就不會有這麼多種酒；
愛情的終點如果是婚姻，
就不會這麼多人心醉心碎。

檢視與評估一段愛情是否適合自己，
那愛情就變得現實與市儈，
並且完全不具期待感。

一杯美好的調酒，
最令人感動的並不是啜進口中那一刻，
而是調酒師花了多少心思，多少成分，
成就它令人驚喜的滋味。

愛情也是一樣，
眼中如果只看到條件，
就會錯過相處過程中，另一半真正迷人的地方，
那是不能安排，無法預測，
最令人迷醉的事。

愛若是可以評估，
律師就要通通失業了。

49

不必要當女優

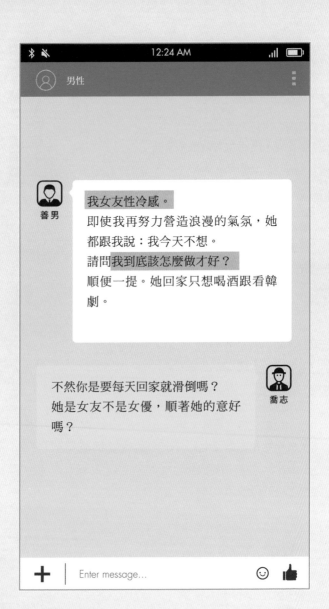

我們都有太多生活瑣事，
男生女生都一樣。
在彼此都忙了一天，
受盡老闆的鳥氣、無能的同事、糟糕的空氣，
還有胃食道逆流之後，
真的很難好好在床上表現一番。

我是說，
她一天要討好多少人了，
晚上還一定要討好你？

如果你的女友寧願喝酒看韓劇，
也不要跟你做愛，
請檢討自己。
她是你女友，不是你老婆，
沒有必要，也沒有義務全面滿足你。

從避孕措施發明之後，
性這件事就從傳宗接代之外多了點娛樂的意味，
沒有一定要娶人家，人家就不一定要娛樂你。

當一直在等待的「李大仁」出現時，
卻開始想要「丁立威」怎麼辦？

叫李大仁去刺青。

03

男人說

說實話？

信女

我25歲，男友27歲，穩定交往三年，視對方為未來結婚對象。只是我一直很介意男友常常會講到身材的事。他沒有嫌棄我肉肉的，但是似乎對我的胸部罩杯不滿意，可能交往到現在我們很親密、無話不說了，所以他很常開玩笑的說「再大一點會更好」或是說要買青木瓜飲給我，我覺得很不舒服，所以我說「不喜歡可以換別人」，他就會馬上改口說「現在也不錯啦～」。

我曾經很認真跟他說過我不喜歡這樣，他就會住嘴，可是不久後他又開始，雖然都是開玩笑的，但真的讓我很反感也很不開心，似乎不管我們的感情多甜蜜，我做了多少貼心的舉動，都比不上胸前那兩塊肉？

喬志

我不知道妳難過什麼？
所以他如果都不說，然後跑去外面捏別人，這是妳要的嗎？
他調皮，誠實，真心在乎妳的身材，這不就是一個男友最難得的？

 Enter message...

誠實，也是要有選擇性的。

坦白的男人，不是很難得嗎？

女生不是都喜歡誠實的男人嗎？

哀～偏偏我們男人很笨，

無法分辨原來誠實也是有分的，

有些事一定要誠實，有些則不。

後來我發現標準是這樣，

舉凡像是：

社群網站密碼，app 對話紀錄，前女友人次……

這種妳們很想知道的我們的祕密，我們說了，就是誠實。

但是像是：

妳的身材，妳的年齡，妳的缺點，妳有口臭……

這種外人不說家人也不好意思說的事，我們說了，就是白目。

說穿了，就是沒有辦法在面對另一半前，先面對自己。

當然，也許妳的男友喜歡拿妳自認很標準的上圍開玩笑，

但是妳的自信如果夠，何必在意？

他如果真的是為了這件事要分手，他不是應該早離開妳了？

不要誤解妳的男人對妳的誠實，自我防備這麼強烈，

換個輕鬆的角度看吧？

妳去哪裡找一個，比妳自己還關心在意妳的胸部的男人？

我看到的是一對還充滿情趣的情侶，

一個對妳還充滿興趣的男友，

說實話？我覺得滿羨慕的。

55

12:24 AM

女性 *23 yrs*

信女

我跟我男朋友在國外認識，他兩年沒回國了，最近終於回來台灣。雖然說他久沒回國，會有許多事情要處理，但回來的前幾天幾乎都跟朋友膩在一起，打電話給他時，他感覺也很忙，聊一下子就要掛電話。我要跟他見面，還要等好幾天。而且他幾乎不打電話給我，更別提訊息了……

這樣的狀況讓我很不安，常常盯著手機哭泣。跟他 complain，他卻不再安慰我了，只說他自己也要思考。我真的不懂，我們明明很相愛，分隔兩地時卻像沒我這個人的存在……請問這男生真的重視我嗎？還是我打擾到他？

男生出了家門就單身了，更何況出國兩年，傻傻的妳。

喬志

+ | Enter message... ☺ 👍

男人什麼時候單身？

男人上了交流道就單身
男人親完老婆出了門就單身
男人左手摟著妳右手滑開手機就單身
男人結婚戒指拿下來就是單身
男人托著妳的下巴說我愛妳後眼神飄開就單身
男人牽著妳逛街看到正妹從眼前走過心裡巴不得自己單身

男人單身是一種心理狀態，
也是一種維持自己年輕心態的奇妙腦啡。
交友軟體，社群私訊，夜店酒店，色情網站
這些你們猜不透的行為，
其實不過是男生想保持某種衝動的笨方法而已，
通常只有兩種下場：
還沒怎樣就被女友抓到，吵架。
不然就是入戲太深一個無法自拔，吵架。

妳要原諒，就要接受他只會乖一陣子的事實，
妳要分手，就要接受下一個男人有可能也是這樣的事實。

好問題，男人為什麼喜歡搞曖昧？
那我問妳，
狗為什麼喜歡追貓？
那是在血液裡的天性，妳改不了的。

把自己變好變漂亮，
就不用擔心男人在外面假性單身。

信女

我今年 26 歲，業務能力不錯，薪水也不錯，目前算單身也不算單身。我的身邊不缺乏追求者，但是幾乎都是年紀稍長，有家庭的男人，我也總是成為別人的第三者。但是我從未要求對方給我什麼，或放棄什麼，以不打擾彼此生活為主要。我只想要現階段吃飯有人陪，偶爾可以出去走走，只是當作階段性的感情。可能我也太過自信自己要什麼，現在這個年紀要我好好跟另一半交往（以結婚為前提），我會無法專心在工作上，我只是想達到自己想要的目標（29 左右才會考慮定下來），之後再認真的交往，只是這個時期的我很矛盾……

吃飯，可以找朋友，請不要把我們當工具。

喬志

Enter message...

解讀：

這女的有點錢
這女的有砲友
這女的習慣當小三
這女的當小三還不要求物質
這女的喜歡大叔
這女的喜歡有人陪吃飯喜歡有人載
這女的現在只想衝事業
這女的還要玩三年才要認真談感情

對，你是新時代女性，妳很了解自己要的是什麼，什麼都不求男人，非常獨立。說實話，妳就是我們男人偷吃外遇夢幻款，好吃，好玩，不黏牙。

目前看來，男人不過是妳的工具箱而已，每一個妳身邊的男人，都負責提供一種功能，來滿足妳的其中一個需求。
有人陪妳吃飯，有人開車陪妳出去走走，有人陪妳聊天，也有人陪妳做愛的。
如果照妳所說的還要拚三年事業，也就是三年之後才開始認真談感情。認真代表專一，代表只有一個。也就是說，這個男人必須具備工具箱裡所有的功能，而這種人存在的機率是多少？

妳在這幾年裡，不學習著專一的感情，等到妳想開始只專一在一個人身上的時候，絕對手忙腳亂。

妳把男人當工具箱裡的工具使用，
等到有一天妳的箱子空了，
就換這些男人看看妳還剩下什麼功能了。

59

憑
什
麼
求
救
？

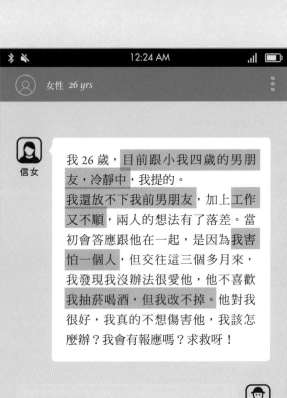

信女

我 26 歲，目前跟小我四歲的男朋友，冷靜中，我提的。
我還放不下我前男朋友，加上工作又不順，兩人的想法有了落差。當初會答應跟他在一起，是因為我害怕一個人，但交往這三個多月來，我發現我沒辦法很愛他，他不喜歡我抽菸喝酒，但我改不掉。他對我很好，我真的不想傷害他，我該怎麼辦？我會有報應嗎？求救呀！

喬志

救什麼！
妳放不下前男友，工作有問題，妳是因為害怕一個人才跟他在一起，抽菸喝酒也改不掉。
他唯一做錯的，就是跟妳在一起，妳把男人當什麼了。

Enter message...

有些女人，很清楚自己要的是什麼，
包括男人，
但是有些女人，自己什麼都沒有，
就只知道要男人。

剛分手，因為害怕寂寞，找個人陪，
陪著陪著就陪到床上去了，
錯把這個人的短暫體溫，當成慰藉。
錯在開始沒關係，日後慢慢修正可以吧？
結果並沒有，妳喜歡的事他都不喜歡，
妳放不下前男友的影子，也放不下指間的菸，口中的酒精，
什麼都不願意調整，依舊故我的習慣改都不想改，
然後妳想出一個辦法解決這一切，竟然是「分手」？

很好，好一個一了百了的做法，
懶得為現在這段感情努力是吧！
表面上看起來，是不想傷害他，實際上呢？
是想趕快切乾淨這個可憐蟲，
這樣妳就有機會找前男友了！
這樣需要求救什麼？

怕報應？
別擔心，輪不到老天動手，因為，
離開現在這個男的，就是妳在懲罰自己了。

61

OK
繃

 女性 *30 yrs*

信女

我30歲，男友25歲，我們交往一個月了。會交往是因為我當時剛結束一段感情。他說會陪我，會讓我開心。但我總是覺得他很神祕。跟我出門，他手機一定關靜音也不准我看，連 fb 都沒加我。我一氣之下提了分手。

他答應了。只是隔沒幾天我希望能復合。他卻說我們就先這樣，不要復合，他不會消失也不會不理我。請問他到底是什麼想法？

妳當初把他當 OK 繃，現在患得患失什麼？

喬志

信女

傷口還沒好。OK 繃怎麼可以撕掉？

對啊，妳把男人當作利用完就可以丟掉的東西。
現在挽回，人家愛理不理剛好而已，以上。

喬志

＋ ｜ Enter message…　　　　☺

62

受傷了，誰都知道要貼 OK 繃，
為了避免發炎，也都知道每天換新的。

但是，
感情裡不可以這樣，
把別人當作療傷止痛的 OK 繃。
甜甜蜜蜜的 OK 繃底下，
悶著上一段還沒好的感情裂痕，
只會讓傷口膿炎併發。
既然妳也都知道，傷口好了就要把他撕掉，
那人家也在妳身上得到想要的東西之後，
趁著被撕掉前先閃人，
妳有什麼好抱怨的？

更何況這個 OK 繃搞不好本來就是黏在別的女
人身上的，
愛貼？發炎剛好啦！

63

為什麼男生總是喜歡看別的女生穿得少，讚美她們瘦。
卻總是叫我們加一件外套，不用減肥。

怕妳著涼，不在乎妳的身材胖瘦，
露奶的事讓別人做。哪裡不好？

（04）

自信無界

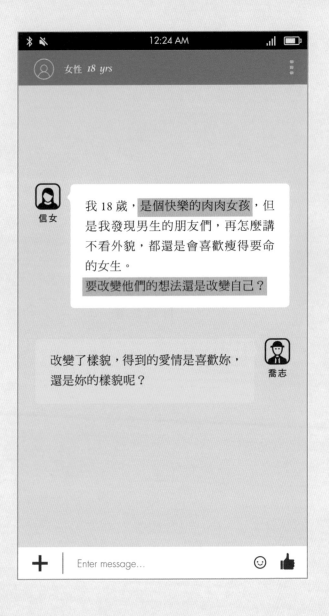

不管用任何方式改變自己，

減肥，醫美，改名改運

大部分的人，不論男女都一樣，

除了陳腔濫調老理由「我要活得更有自信」外，

改善異性緣，是不能說出口的小秘密。

誰不想擁有無懈可擊的外貌？

如果說，朋友是一面鏡子，

那麼，男女朋友就是躲在魔鏡裡的那個鏡魔。

當他說著：妳是全世界最美麗的人，

自己姓什麼都拋到九霄雲外去了，

也因為這種讚美，妳很容易忘記自己真正的樣子。

我不是說自己原來的長相，

而是妳真正擁有吸引人的特質，

熱心，善良，樂於助人，對生命充滿愛。

如果妳的他，是愛上妳的這些，

那真的比妳臉上有幾 cc 的化學藥劑來得重要。

當然，

如果他愛上的剛好就是妳臉上或是胸部裡面幾 cc 的化學藥劑，

那就別怪他到時候愛上全身更多化學藥劑的女人。

對，男人都膚淺，

但是個性，是別人搶不走的；

外貌，卻是醫生可以決定的。

看你要把愛情決定在別人搶不走，還是醫生決定

的事情上。

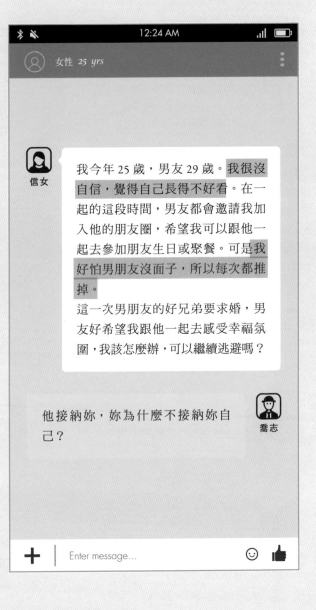

女性 *25 yrs*

信女

我今年 25 歲，男友 29 歲。我很沒自信，覺得自己長得不好看。在一起的這段時間，男友都會邀請我加入他的朋友圈，希望我可以跟他一起去參加朋友生日或聚餐。可是我好怕男朋友沒面子，所以每次都推掉。

這一次男朋友的好兄弟要求婚，男友好希望我跟他一起去感受幸福氛圍，我該怎麼辦，可以繼續逃避嗎？

他接納妳，妳為什麼不接納妳自己？

喬志

Enter message…

擔心什麼？
男友的面子還是自己
的？

我不太了解，
這個沒有自信，那個沒有自信，
覺得自己醜，不好看，
但是談感情倒是沒有在客氣的。

不管怎麼說，妳不是交到男朋友了嗎？

如果，妳真的像妳自己說的這麼沒有自信，
那麼，不就更應該珍惜身邊的這段關係。
這個男人不但愛妳，還試著將妳融入他的生活，
怪了，平常不是說「你怎麼都不介紹我給你朋友認識？」
現在有機會了，卻一再推拖？

其實妳並不是因為覺得自己不好看，而是「懶」。
妳覺得要面對社交場合好煩，妳懶得跟新朋友交談，眼神交流，跟他們聊聊當初怎麼跟男友認識的；
妳覺得他們會因為妳長得不好看，
對妳男友有不以為然的評價，
只是妳忘記了，這些人是妳男友最好的朋友。
不論妳是什麼樣子的人，都是妳男友最愛的人。
如果妳連這樣的場合都懶得克服，
那妳就跟男友兩個人永遠不要踏出房門一步好了。
妳在乎的，不是妳男友的面子，
是妳的吧？

我看妳的照片，怎麼看也看不出來哪裡不好看
啊！

	12:24 AM	

女性

信女
喬志哥，我跟一個小我七歲的男生聊得來，他也表白很喜歡我，希望能進一步交往，但是他卻不知道我大他七歲，以為我只大他一兩歲，我也沒有勇氣告訴他實話。
女大男小差距到七歲，是不是很難長久，畢竟女生老化比男生快，我可不想等我 40 歲以後。他又被其他年輕女生給吸引。
我覺得他很優秀，但因為年紀的差距，我一直拒絕他……

妳連承認自己年齡的勇氣都沒有？
但是拒絕他倒是挺果斷的，幹得好。
喬志

+ | Enter message... ☺ 👍

時間，是很公平的，對每個人都是一樣。

從他說完「我喜歡妳」這 4 個字，這句話也變成過去了。

所以，如果妳認為，妳不值得他為妳長久忠誠，終究會喜歡上更年輕的女生，

那妳就更應該把握當下可以跟他在一起的每一秒，

而不是把時間浪費在猜忌擔心懷疑上。

因為在妳擔心的同時，前一秒那個比較年輕的妳又消失了，

而兩個人相處可能擁有的快樂也流逝了。

這樣划得來嗎？

不論坦承自己年齡之後的結果是什麼，

如果說了，他跟妳在一起 10 年，然後妳老了。

如果沒說，10 年後有一天後悔沒說，妳‧也‧是‧老‧了。

妳的選擇是？

起碼不是把青春浪費在「等待」這件最沒有意義的事情上啊？

小妳 7 歲的男生喜歡上妳？

姐姐，應該高興吧？

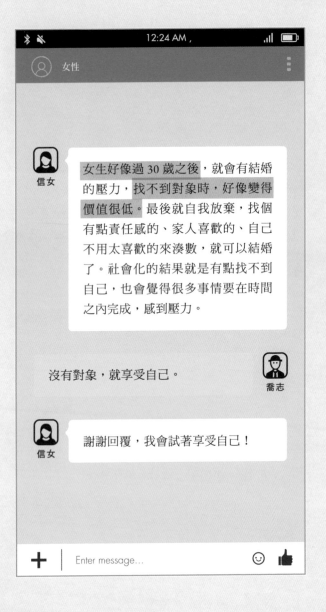

忙完人生的課題，我們才發現，很少愛自己。

其實不管幾歲都一樣，

我們都喜歡被愛或是追求愛的感覺。

只是不同時期，不同身分，愛的對象也會不同，

父母，男友，丈夫，孩子，通常要忙完這個循環，

我們才赫然發現，很少愛自己。

我們似乎都跟著社會對我們的期望在生活，

升學，立業，成家，老去，

所以當妳脫節沒有趕上其他人的腳步時，

妳看起來就會顯得格格不入。

身旁的親友會開始問：

「是不是該交男友啦？」

「是不是該結婚啦？」

「是不是該生小孩啦？」

我們很容易被這些「是不是」的問題牽著鼻子走，

而忘記問問自己「是不是」真的適合這些人生習題。

結果在這些「是不是」的疲勞轟炸之下，

我們像是被催眠般地去想辦法完成這些習題。

中途如果意外的驚醒，發現這一切都不是自己想要的，

問題才又因此產生。

這時候，當初勸妳該完成這些習題的親友，是要負責嗎？

他們只能在這時候繼續「是不是」「當初」與「早知道」

妳的人生，還是只有自己扛，是不是？

不用聽別人的話，左右自己的未來。

也不應該用自己的想法，左右別人的未來。

沒有人應該孤獨終老，也沒有人天生適合婚姻，

誠實面對自己的需要，享受自己。

女生身材、樣貌、臉上皮膚，哪樣最重要？

善良最重要。

05

愛與家人

沒這麼愛了

信女

我和男友在一起快六年，感覺已經變成家人，分不出是愛還是習慣，生活也沒什麼起伏，請問我該怎麼辦？

喬志哥，你覺不覺得戀愛的長度和結婚的可能性成反比？

喬志哥～我25歲離老妹的年齡就不遠了！

請問面對在一起太久而變成家人的感情該如何處理？？？真的很苦惱啊！

喬志

妳們少在那邊家人來家人去，就是沒這麼愛了，然後又懶得換人而已，妳會跟家人談戀愛嗎？

Enter message…

家人這個名詞常常出現在愛情中，扮演著安慰人的角色。

「我跟女友現在互動像家人一樣。」這句話是要騙妳上床。

「我跟我老婆現在很淡，幾乎就像家人一樣。」這句話是要騙妳當小三。

「我跟我前女友雖然分開了，但對我來說就像家人一樣。」這句話說出口，他應該已經背著妳跟前女友又做了，或是他正想要去找前女友做，這樣說讓妳放心罷了。

為什麼要說「家人」？

很簡單，因為「家人」聽起來是如此的親切，合理，又安全。真正的家人有默契，重感情，最融洽，而且不會有男女之間的接觸，

要不然就是亂倫了吧？

可是不管他的女友、前女友、老婆，到底跟他有多麼「家人」，明明就是有發生過關係的啊！？

那是在家人什麼鬼？

請問妳想跟家人接吻談戀愛上床嗎？不可能嘛！

當妳的另一半開始說妳是家人，真的沒什麼好開心的，這代表他對妳已經懶得經營了。

乾妹妹

信女

為什麼男人都要有乾妹妹，然後又乾得很曖昧⋯⋯

我跟我男友交往兩年多，平常不會吵架，但他有一位乾妹妹，是交往前就已經認的。只要為了他乾妹妹一句話，他就會放下事情去幫她完成，有時還會為了她犧牲我的時間，或擱下我的事，甚至偷偷的相約不讓我知道。有一次他乾妹妹喝醉，男友說不能丟下她一人，就在飯店陪她到天亮，還騙我說是跟堂弟在一起⋯⋯

我們已經論及婚嫁了，我該相信我男友嗎？

男人之間叫情義，男女之間叫情意，少在那邊假兄妹真曖昧。
乾妹妹也是有濕妹妹的好嗎？叫他跟乾妹妹在一起吧？這樣就可以名正言順照顧她，幫她，陪她去飯店了。

喬志

\+ | Enter message…

乾妹乾哥，就是候補男女朋友。

認姊認弟乾哥乾妹的代表什麼？

代表我喜歡追不到，但是不願跟她只是朋友關係，

就用這種假親屬真照顧的方法，

冠冕堂皇的一直存在她的生活中，

其實就是要合理化不想承認的曖昧情愫。

尤其是在乾妹需要幫忙出頭的時候，

可以名正言順地用乾哥的名義，

在乾妹的面前表現自己，是多麼帥的一件事。

恰巧，

這些女生也習慣了身邊這些「孝男」的存在，

吃飯、搬家、小狗洗澡沒人去載，這些事情交給乾哥就好了。

奇怪的是，這些有乾哥乾妹的人，

在對待自己的男女朋友的時候，反而還沒有這麼好，

能炫耀，能利用的關係全部留給乾妹妹，

如果這時候女友質疑，還會被兇一頓，

男人什麼時候會兇？

心虛的時候會兇啊！

那，為什麼心虛呢？

 乾妹妹這種產物，不過是巧立名目，想要順理成章的曖昧對象而已。

79

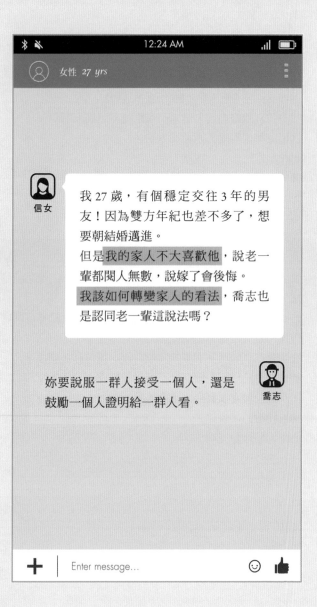

她（他）的家人為什麼不喜歡我？

在問這個問題前，

請先認真的想想自己書念完了嗎？工作穩定了沒？

嘴上說句「我愛你」，

就想把人家辛苦養大的孩子帶離開他們身邊？

如果沒有基本生存條件，自己都快養不活了，

還一天到晚把決心、承諾當飯吃，

是騙自己，也是騙對方。

有多少能力，做多少事，

是認真想背負起一個家庭，還是只是想上上人家女兒，

父母一看就看得出來了。

為了自己孩子的幸福與未來質疑你，有錯嗎？

看清楚花花世界感情手段而反對你，有錯嗎？

自己可以給對方幸福的能力與條件，你有嗎？

父母對孩子的另一半，一開始只有兩種：

「不喜歡」跟「假裝喜歡」，

剩下來的就要靠經營扳回局面。

向對方父母證明妳們的愛，過程是緩慢而長的，

如果代價是要花上你的下半輩子，你給得起嗎？

0.1 秒的猶豫，就代表你（妳）根本沒有準備好！

 以為談感情是去得來速，點了拿了就走？

人家父母不喜歡你，正常、應該、理所當然。

我懷孕 3 個月了，我跟男友都決定要把孩子生下來，
但是我沒辦法當面跟父親說，因為我們脾氣都很硬，
一定會講到吵架。如果用寫的，該怎麼開頭呢？

親愛的爸爸，你要做阿公了！

06

軟體戀愛

跟人談戀愛好嗎？

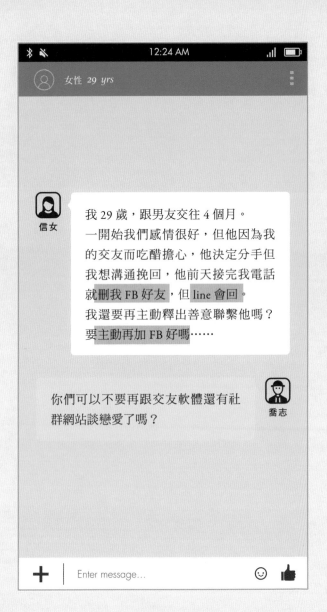

信女

我 29 歲，跟男友交往 4 個月。
一開始我們感情很好，但他因為我的交友而吃醋擔心，他決定分手但我想溝通挽回，他前天接完我電話就刪我 FB 好友，但 line 會回。
我還要再主動釋出善意聯繫他嗎？
要主動再加 FB 好嗎⋯⋯

你們可以不要再跟交友軟體還有社群網站談戀愛了嗎？

喬志

Enter message…

通訊軟體、社群網站、交友軟體帶來了許多便利，
但是也帶來許多後遺症。
我們變得關心大小螢幕上的各種狀態，
我們開始用滑鼠參加原本該到場的活動，
我們用幾句話代替了每天真實的情緒，
我們讓它提醒最重要的人的生日，
我們還把最不想讓人家知道的祕密放在裡面。

這些原本立意良好的軟體，應該是要讓我們接觸更多世界，
結果我們的世界卻被它們控制在螢幕裡面，
人與人的溝通不再面對面表現喜怒哀樂，
而是靠著用錢購買來，在螢幕上只有 1 平方公分的貼圖。

當我們感情好的時候，我們的身影會大量出現在對方的狀態
裡；感情變壞了，卻避不開他的消息鋪天蓋地從其他朋友那
裡傳來。當人與人的關係得靠這些軟體得到認證，
爭執的產生，就會從其中一方解除軟體關係的時候開始。
因為感情，我們都過度在意軟體世界裡的數位關係，
為了一點狀態變更，我們顯得敏感而且易於憤怒，
卻完全忘記當兩個人分手的同時，
這些數位關係狀態的顯示，只會顯得愚蠢與無意義。
真的在乎，當面挽回，
真的死心，何必追問？
當初是跟人談戀愛，就跟人做結束。

被解除關係或是刪好友最好，
分手後還要有這些數位關係幹嘛？

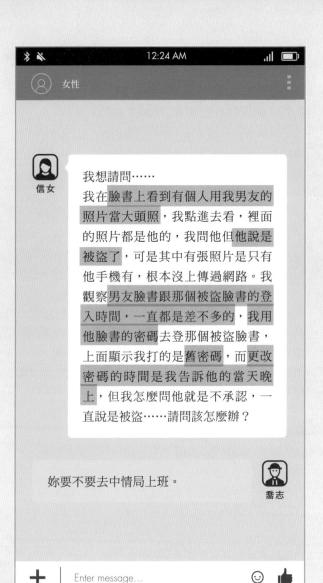

信女

我想請問……
我在臉書上看到有個人用我男友的照片當大頭照，我點進去看，裡面的照片都是他的，我問他但他說是被盜了，可是其中有張照片是只有他手機有，根本沒上傳過網路。我觀察男友臉書跟那個被盜臉書的登入時間，一直都是差不多的，我用他臉書的密碼去登那個被盜臉書，上面顯示我打的是舊密碼，而更改密碼的時間是我告訴他的當天晚上，但我怎麼問他就是不承認，一直說是被盜……請問該怎麼辦？

妳要不要去中情局上班。

喬志

很簡單的道理，

建立一個全新的身分，就可以認識很多新的女生，

而且不會被發現，

男人的想法就是這麼天真單純。

現在，妳發現了，

妳希望得到他的什麼解釋？

他說被盜，妳不相信，所以妳花很多時間去比對時間密碼，

因為他的密碼妳也知道，

比對之後，發現越來越可疑，為什麼他要兩個臉書？

儘管他一再強調是被盜，但是妳還是不相信，

希望他可以解釋清楚。

對啊？

其實妳心裡就知道是他偷開新帳號了，

花這麼多精神交叉比對查證，

本人當面也問到底，

為的是什麼？要他當面承認帳號是他開的？

妳就是不想面對他想把妹的事實，

如此而已。

有男友臉書帳號到底代表什麼？

他開新帳號的原因，

不就是因為妳有他密碼，他才去開的？

互看手機

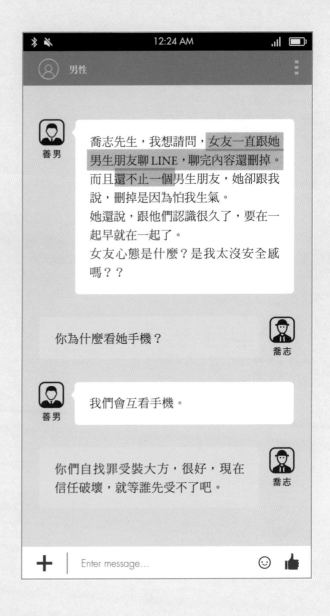

善男：喬志先生，我想請問，女友一直跟她男生朋友聊 LINE，聊完內容還刪掉。而且還不止一個男生朋友，她卻跟我說，刪掉是因為怕我生氣。
她還說，跟他們認識很久了，要在一起早就在一起了。
女友心態是什麼？是我太沒安全感嗎？？

喬志：你為什麼看她手機？

善男：我們會互看手機。

喬志：你們自找罪受裝大方，很好，現在信任破壞，就等誰先受不了吧。

人對祕密都好奇，

尤其是身邊最親密的人的祕密。

有些人會因為想要表示自己在一段關係中的開放與忠誠，

把自己的手機給對方看，或是互相開放手機，

我覺得，看手機是一種感情自殺行為。

照理說，手機內容屬於個人隱私的部分，

有時候不想被看到的，不見得是感情出軌的證據。

也許是跟友情，親情，或是事業上的一些不方便說的事，

帶在身上的手機，就像是一個人最後可以好好放鬆的小空間，

可以看自己想看的，聽想聽的，說想說的，

一旦這樣的空間被入侵，信任也會隨之瓦解，

一段感情裡的信任失去平衡，救也救不回來了，

有時候真的沒有發生的事，多看兩眼之後都會心生疑竇。

像是互相突擊檢查一般的兩個人，

精神永遠緊繃著，怎麼好好享受生活，享受愛情？

不要窩囊的把自己的手機當成信任的進貢品，

也不要強勢的要求檢閱對方的手機，

互相看手機，不是信任對方的表現，

而是完全不信任對方一種極具侵略性的行為。

互相查看手機，是一種增加信任的方式嗎？
又或者是坦白、證明清白的方式？

是一種最接近分手的方式。

（07）

婚 姻

放不進真感情？

 女性

信女

男友因為以往對婚姻有不好的經驗，加上我有一個小孩，所以無法對我放真感情。
我很想和他走向婚姻這條路，但他很明確的說無法接受我的小孩，為此我們常常爭吵。我該這樣繼續下去，還是為了孩子而放棄這段得來不易的感情？？

誰說帶小孩很難有真愛？誰？
會愛妳，就會愛妳的全部，包括孩子。
對他來說可以讓人生同時圓滿，孩子妻子一次到位，有什麼不好？

喬志

 Enter message...

失敗的經驗，
是讓我們變得更好的最佳指引。
偏偏在感情裡的失敗，我們通常不願意面對，
而且還常常栽在同一件事上面。

其實，沒有修不好的情傷，只有懶惰、藉口，
在每次新關係中，如果不願意修正以前犯的錯，
只記得喊痛討拍，這樣子，感情的選項就會越來越少，
到最後變成一個孤僻難搞的對象，與寂寞為友。
有過不好的婚姻結果，雖然是人生中的遺憾，
但卻不能成為任何人傷害否決妳的原因。

妳的男友首先採取了自我放棄的態度，
不願意相信婚姻，又利用妳的孩子當藉口拒絕妳，
相信我，他只是不這麼愛了，想要逃離開妳，
就像他逃離開上一段婚姻一樣，他成功過一次了，
就繼續選擇這種不負責的方法來結束愛情，
他若是真的在乎妳，就不會用妳最在乎的孩子做理由吵架了！

因為妳有孩子，所以沒法放真感情？
他放進去妳身體裡的東西，倒是挺真的！

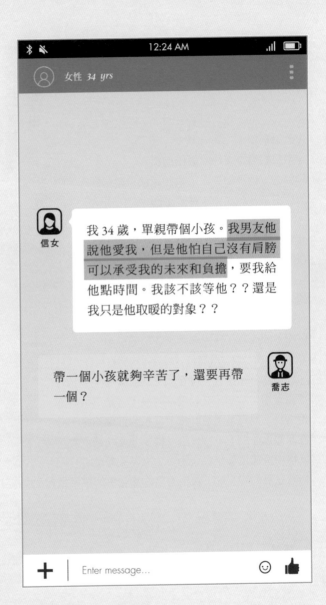

信女

我 34 歲，單親帶個小孩。我男友他說他愛我，但是他怕自己沒有肩膀可以承受我的未來和負擔，要我給他點時間。我該不該等他？？還是我只是他取暖的對象？？

喬志

帶一個小孩就夠辛苦了，還要再帶一個？

94

愛，就要愛全部，
不能分割，也不能只愛部分。

妳單親，帶個孩子，應該很知道單親的辛苦，
坦白說，今天就算沒有這個男的出現，
日子也是過著，
有妳，有孩子的笑，其實也滿好的。
如果今天這個男人出現，
能讓妳跟孩子變得更好，
經濟部分可以不要下滑就好，但是精神情緒要 3 個人一起開
心，那麼，這個男人才是值得接受的。

我知道，單親媽媽的寂寞和沒有自信，
都來自「我帶了一個小孩，是不是就失去被疼愛的資格了？」
所以通常在遇到新戀情的時候，就會先矮化自己，
讓自己委屈在許多不合理的遭遇裡面。

如果是這樣，代表妳也開始嫌棄妳的孩子了，
總有一天，妳會因為一直在感情中受委屈，
而開始憎恨原來應該跟自己最親的孩子，
而這一切，只是來自於自己的寂寞。
孩子，是妳的世界，孩子的世界裡，也只有妳，
不應該為了自己的世界，在任何感情關係裡看輕自己。

 他說他沒有肩膀，不就是擺明了要撇開孩子？

信女

我 25 歲，他 35 歲，下個月我們就要結婚了，但是我不喜歡跟他做愛做的事，發生性行為時，我竟然有種被強姦那種不情願不舒服的感覺！當初答應他的求婚，是因為我覺得他是我生活必需品，他在我身邊我會覺得很有安全感！可是現在他又天天跟我要愛愛，我真的覺得很煩很煩！！想到未來的幾十年都要這樣⋯⋯真的很可怕！！我該怎麼辦！？退婚嗎？

喬志

婚姻是一輩子，有任何猶豫就不要輕易接受。
妳把他當生活必需品？那妳去住在小北百貨就好了，幹嘛結婚？

感情最可怕的殺手，就是理所當然。

當妳說出：他是我生活的必需品。

這句話一點也不甜蜜，反而是危機的開始，

這代表著他對妳來說已經是一個「功能性」的物品，

在感情上只剩下習慣與依賴，

說難聽一點，這時候的他，跟家裡一包面紙的價值差不了多少，反正就一直放在那，一直看得見，要用就可以用，突然沒了有點麻煩。

那不要說結婚了，在一起都不知道是要幹嘛？

另外的問題是，妳的身體極度反抗他，有一種被強姦的感覺，

都快要走入婚姻了，應該是有相當程度的安全感，

不管在心理或是生理上，少了安全感，感情就會搖搖欲墜。

從這兩件事看起來，我不知道是什麼支持妳，

讓妳覺得可以走進婚姻。

妳覺得妳男友是必需品？

妳男友也覺得天天愛愛是必須的啊？

善男

我 33 歲是一個上班族！
我爸媽雖然有負債，但是他們努力工作還錢，從來沒有讓小孩難過日子。也因為我沒有經濟負擔，跟我老婆在交往的時候，花費上都盡量滿足她。結婚前她詢問我家的經濟狀況，我說家裡經濟是 ok 的，沒有跟她說爸媽有一些負債！就在上禮拜老婆知道爸媽有負債！跟我說我騙了她，開始嫌棄我家沒錢，也嫌棄我賺不夠多！還說不知道要怎麼跟我生活下去。我很困惑是不是該放手讓她走，我已經很努力的要把家裡給維持好！但是她從來都沒有為家裡付出過一毛錢！我該怎麼做？

喬志

1. 誰叫你當初不說？當初說了，馬上就知道這個女人可不可娶。
2. 讓她走啊！拜金老婆治不好的。

Enter message…

雙方在婚前坦白是應該的，
因為這是最後一次反悔的機會，
有些事情自以為不重要，避重就輕不說，
以後出事就會因為隱瞞欺騙，讓事情更被放大，失去本質。
結了婚以後，什麼事情都是兩個人一起面對，
更正確地說，應該是兩個家庭一起面對，
所以有什麼狀況，都應該說出來。
萬一對方能接受，她將是一個可靠的伴侶，
萬一不能接受，也可以不用耽誤自己跟對方的時間。

今天有點不幸的是，她覺得你沒有告訴她家裡的狀況，所以生氣，
慶幸的是，因為她知道你家裡的狀況後，竟然是這樣的反應，
看來她並沒有要與你同甘共苦的意思。
雖然你當初沒有說家裡的事是你不對，
但是她在婚禮上發的誓「有難同當」現在看也是挺諷刺，
來得晚總比沒來好，可以這麼清楚看見她的嘴臉，
你算是因禍得福。

 很顯然，她在意的就是錢，她更不爽的是押錯寶。

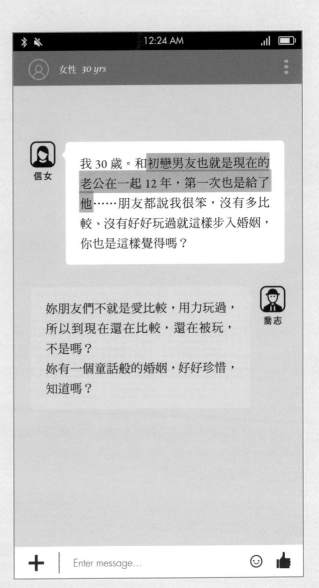

女性 30 yrs

信女：我 30 歲。和初戀男友也就是現在的老公在一起 12 年，第一次也是給了他……朋友都說我很笨，沒有多比較、沒有好好玩過就這樣步入婚姻，你也是這樣覺得嗎？

喬志：妳朋友們不就是愛比較，用力玩過，所以到現在還在比較，還在被玩，不是嗎？
妳有一個童話般的婚姻，好好珍惜，知道嗎？

Enter message…

有些女生，年輕的時候是玩樂主義，

我講的玩樂主義，當然不是指正常運動，

是自以為本錢雄厚，年輕無敵，

在人際關係上面來來往往，累積不少經驗。

其實，這些年輕的時候不經意的人際關係，

都會在日後的某一天絕地大反攻。

愛情，是不能比較的；人，更是不能比較，

我們在一段又一段的經驗中，只能學習改善自己不好的部分，

而不是比較別人好的部分。

否則，比較到最後，愛情又會變成條件功能說，變得市儈。

姊妹的意見當然是好意，是希望提醒妳認真想清楚人生大事，

但是如果可以從一而終，誰又想分分合合呢？

愛情的比較，是沒有盡頭的，

越比較，人生越不公平。

至於好好玩過，應該等結婚後，跟先生一起瘋出

精彩人生才是。

女性 *30 yrs*

信女

我 30 歲，先生 29 歲。結婚 3 年育有兩子。我當初是不小心懷孕的，且是在先生極度厭惡我，想跟我分手的時間點！那時他每天都求我墮胎，最後他家人知道了，逼他要做個負責的人。

婚後第二年我們很常爭執，我開始想離婚。
有一次吵架，他很冷靜的跟我說，是我有了孩子，他不得不娶我，他賺錢養家已經對我夠負責了！想離婚不可能。
他說是我懷孕逼他結婚毀了他的人生，要離婚也要等他爽才離，他說他一定會在孩子都長大了，讓我在沒有錢沒有姿色時離婚！
現在相處雖然好轉……我卻常想起這些話！一直在想這是他的真心？
老實講，誰希望過了 20 年，才發現

Enter message…

信女

> 一直牽手的人原來另一隻手拿了把刀，是我自己胡思亂想了嗎？

你為什麼要讓自己沒有錢，沒有姿色。

喬志

信女

> 我沒有。所以現在努力運動跟打扮。但我總想他是不是真心覺得因為孩子而結婚，我害了他。

他怎麼想妳不能控制，但妳要想辦法讓自己變強，多放心思在孩子身上。

喬志

信女

> 謝謝……雖然看到多少有洩氣，眼眶也紅了！
> 但我是媽媽，我也很愛我的孩子。

反正妳最糟就是離婚，不如快樂跟孩子生活，建立起他奪不走的東西。

喬志

Enter message…

奪不走的東西

其實要我認同「婚姻對男女都是公平的」這件事，
我真的沒有辦法點頭。
兩個人付出的感情有沒有對等，
也只能從彼此相處的冷熱大略感覺，
感情無法量化，更沒有辦法計算。
那我們具體一點，看看在婚姻中，男女必須要負責的部分
好了。
男人除了賺錢養家，還是賺錢養家。
女人呢？要照顧、要生育、要教養下一代。
今天一段婚姻如果真的要走到離婚這一步，
通常居劣勢的，都是女人。
我們來看看女人離婚可以得到什麼？
贍養費？分產？
抱歉，那是有錢人的東西，如果先生根本沒錢，兩手一攤，
妳能怎麼辦？
監護權？
通常都會判給生活條件或是財力較優秀的一方，
大部分女人結婚後家庭就是全部，哪來獨立的能力？

親情，是他奪不走的

我必須悲觀地說，

大部分女性離婚最後「什麼都不要」看起來瀟灑，

實際上是她什麼都要不到，只能認命。

但是卻有一個東西是奪不走的，就是親情，也就是跟孩子之間的愛。

這是妳一點一滴累積起來，

跟孩子之間的情誼是誰也搶不走的，

而且，妳永遠就是孩子的母親，這件事也不會改變，

很抱歉，婚姻有美好，也有殘酷的一面，

我不能告訴妳婚姻可以給妳多少，

只能告訴妳當婚姻不是這麼順利的時候，

該把重心放在哪邊。

 不論談戀愛或是結婚，

最忌諱的就是讓自己成為一個只能依附男人的

女人。

105

這就是婚姻之快問快答

是不是感情一旦久了都會變？

感情從第一天以後就開始改變。

是不是會從寶變成草？

反正妳也是從草變成寶，再變回草很踏實啊？

一個不善待媳婦的婆家需要留嗎？

婆家就是婆家，想留想走不是妳能決定的。

男人工作回家不分攤家務是應該的嗎？

不然妳出去工作，他在家帶小孩。

孩子都生了卻還天天沉迷手機遊戲對嗎？

起碼他是在家裡沉迷手機遊戲，還看得見人。

在男人心裡，是否都感覺帶小孩不累？

所以妳覺得帶自己的孩子很委屈？

是否都覺得老婆應該就要做家務？

可以不做家務，放著看誰要做也是一種方式。

離婚是否比較好？

那當初幹嘛結婚？小孩會判給生活條件跟能力
比較優秀的那一方，妳是嗎？

這些答案看起來是真的又冷又硬又現實。
但是，很抱歉，這就是婚姻。
我相信一定有許多家庭看起來非常的美滿，但是美滿的家庭是需要
更多溝通，妥協，容忍才能換來的。如果妳連以上的答案都覺得無
法接受，那很明顯的，妳高估自己的能力，也搞錯婚姻的本質了。
再美好的婚姻，都像花園一樣，不修整，不維持，馬上荒蕪給妳看。

(08)

西餐廳

妳 的 對 手 是 「 文 化 」

女性 *28 yrs*

信女

我 28 歲，男友 27 歲是外國人。即使文化思維不同，我們一直都用心相處磨合。但前陣子因為我的工作關係，我們開始遠距離。另一半開始在沙發衝浪上發訊息認識新朋友。

沙發衝浪平台是我們兩人共同擁有，（因為在過去我們會一起接待一些旅人增加生活經驗）。他寫信給別人也會註明當前狀況（女友暫時人不在），這些對話訊息我看得見，他也會自動告訴我。男友對於我與異性友人的互動會關心、建議，不會很負面的強硬控制。但我對於他要單獨接待女生這點十分不舒服，不過我不想強制他，我要他自己做決定，最後他照樣接待一位幼齒女孩。

我不知道是否我個性有問題，在准許他自己做決定後，對他獨自接待幼齒女沙發客這件事還是耿耿於懷。

愛跟老外在一起不就是愛上他們的自由？現在因為他們的自由，然後妳開始小氣？不用再騙自己。妳以為你們的磨合，能磨掉兩個悠久的文化差異？天真了妳。關於接待幼齒妹妹這件事，真的是「增加生活經驗」。

喬志

Enter message…

對，妳們都說國貨有很多缺點，
為了避開這些缺點，所以妳嘗試異國戀。
然後妳發現問題出現了，耿耿於懷？
喔，不！妳這樣解釋著：
愛情來了，就來了，跟哪一個國家的對象沒有關係，
一開始想都沒有想過會有個外國男朋友。
然後現在問題出現了，妳耿耿於懷？

以上兩點，
應該可以解釋妳為什麼要跟外國人在一起的原因吧？
我是說，我已經假設妳不是哈洋的女孩，
而是一段「在愛之前，人人平等」的無國界戀情。

那我告訴妳，
什麼叫在愛之前，人人平等，
意思就是全世界的人，在愛情裡都會犯一樣的錯，
不管你是什麼國家膚色年紀種族。

既然如此，剩下來妳沒辦法克服的是什麼？

文化，妳的對手是文化。

妳的對手是「文化」

當妳因為這段感情得到快樂的時候，

他是什麼文化背景根本不重要，

但是當妳因為一段感情受到傷害的時候，

相同是男人，犯一樣的錯，只是每一種文化孕育出的手段不同而已。

當自由遇上封建，一對情侶兩個人身後各自代表著不同的文化體系，很難不出現需要磨合協調適應的場面。

妳說你們有試著磨合，對吧？

但是依然無法接受他喜歡接待單身女性遊客的習慣，對吧？

有多少在他的文化裡面，

從小到大就被教育成合理的那些事，

是妳怎麼磨都磨不掉的。

妳很在意他為何要這樣做，他更在意妳為何在意他這樣做，

到最後就是狗生氣追尾巴，

追不到，氣不完。

異國戀？不反對。

但是請想清楚，要愛，就要愛他的全部。

沒有這種愛上了他，卻不能接受他的文化給予他的自由，如果不能接受他所代表的文化背景，又何須異國戀？

（09）

性 別

信女

我即將 27 歲，近半年來跟不同部門的男同事曖昧，常單獨出去吃飯看電影，也與他的家人一起出遊兩次，我們雖同床但沒有發生什麼事，他遲遲沒有表明要在一起的意思，我是女生又不太願意主動提出交往。前幾天他突然向我坦白他是雙性戀，問我是否介意，當下我裝鎮定說不介意他的過去，但其實我是介意的。

我確實喜歡他，也想過交往看看，可是我害怕的是會不會哪天他告訴我，他愛上別人了，對方是男人，這樣我真不知道該怎麼辦。而且我已經是適婚年齡了，總覺得不該賭這一把。我好兩難……

喬志

簡單，妳的對手從 50% 變成 100%。
以上。

感情中往往會碰到競爭者，
不管是在戀愛的哪一個階段，
但是有時候會產生微妙的兩種結果，
一種，是大家都要的，妳懶得競爭，乾脆放手；
一種，是大家都要的，妳燃起鬥志，覺得搶手。
放手了，偶爾哪一天回想起來，會有一點小失落，
搶到了，吃個兩口發現沒人搶了，就覺得也還好。

其實無論是哪一種，都已經失去了愛情的本質，
就是「互相」。
男生女生都不應該在任何一種情況下，
變成一種戰利品。
真正美好的戀情，是不需要爭奪的，
當雙方的愛累積到值得信任的程度，
愛情自然就會發生，
並且是別人搶也搶不走的。
偏偏，不是每個人在愛情裡都如此有自信，
所以在還沒開始之前，就先預設結果了，
不管好的壞的，都會在腦海中不斷操演，
那麼，
如果妳的戀情必須決定在妳有多少對手，
何必把自己的對手從一半變成全人類呢？

所以，萬一以後他跟女的跑了，
妳會比較欣慰，因為輸給自己人就算了，是嗎？

性別 ─ 別辜負了

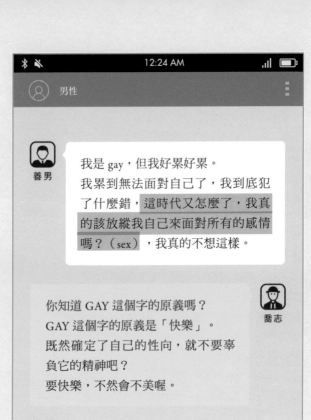

善男
我是 gay，但我好累好累。
我累到無法面對自己了，我到底犯了什麼錯，這時代又怎麼了，我真的該放縱我自己來面對所有的感情嗎？（sex），我真的不想這樣。

喬志
你知道 GAY 這個字的原義嗎？
GAY 這個字的原義是「快樂」。
既然確定了自己的性向，就不要辜負它的精神吧？
要快樂，不然會不美喔。

善男
謝謝你，看來我要努力的空間很大，往後日子裡我也不要再壓抑自己了，對，我是 gay，我很快樂，還有我很帥。

Enter message...

其實無關是不是同志，
所有在愛情關係裡的男女，男男，女女，
都應該以快樂為原則吧？
愛情中有太多環節，
相識，相處，婚姻，後代，相扶，老去，
這麼多人生課題必須面對，
那麼快樂絕對是必須的。

更何況同志的細膩，爽朗，樂天知命，
不更是需要大量的快樂當基礎，
才可以讓自己享受身為同志的快樂嗎？
當然，一輩子該做的事很多，不是只有感情而已，
如果為了感情把自己搞得愁雲慘霧，又是何必？

 想辦法讓快樂充滿自己的身、心、性、靈，
做個快樂的同志吧？

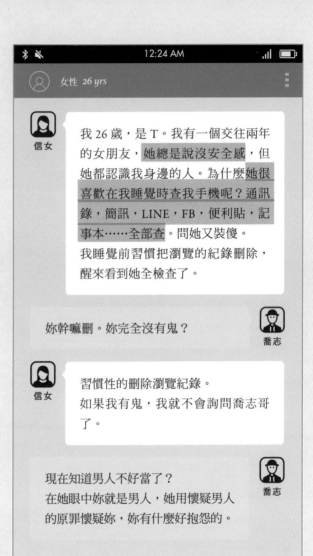

信女
我 26 歲，是 T。我有一個交往兩年的女朋友，她總是說沒安全感，但她都認識我身邊的人。為什麼她很喜歡在我睡覺時查我手機呢？通訊錄，簡訊，LINE，FB，便利貼，記事本……全部查。問她又裝傻。
我睡覺前習慣把瀏覽的紀錄刪除，醒來看到她全檢查了。

妳幹嘛刪。妳完全沒有鬼？
喬志

信女
習慣性的刪除瀏覽紀錄。
如果我有鬼，我就不會詢問喬志哥了。

現在知道男人不好當了？
在她眼中妳就是男人，她用懷疑男人的原罪懷疑妳，妳有什麼好抱怨的。
喬志

＋　Enter message...　☺ 👍

原罪，
就是原來什麼都沒做
也是罪。

看別人長相凶狠，這個人一定是黑社會的。
這女人一臉狐媚，肯定是小三的命。
這，就是原罪，
或是說「原來這樣也有罪」。

而男人的原罪，有很多。
男人一定會偷吃
男人一定會連絡前女友
男人一定會去酒店
男人一定會嫖妓
男人一定有腳臭
男人一定看 A 片
男人一定都很色
還有，
男人跟妹聊完天，如果刪對話就一定有鬼。

以上這些事情，我們根本不必做，
從受精剎那染色體決定我們是男生開始，
我們就注定要背著這些原罪一輩子。
在妳們眼中，只有做過跟想做還沒有機會做的差別而已。
我相信沒有一個人天性多疑，
一定是妳女朋友以前發生過類似的事情，
才會極度沒有安全感。
雖然說後來的倒楣，總是要替對方前一任背黑鍋，
但是看在她這麼在乎妳的份上，別計較了吧？

在這段同志關係裡，妳是男生的角色，
自然就得背負男生的原罪，沒什麼好抱怨的。
妳要是真的沒有鬼，查久了，她也會累的。

信女

您好，我是個 34 歲的媽媽，兒子今年 18 歲，正準備上大學。據我所知，他在高中時期分別告白了兩位女同學，但是被拒絕了。不知道是不是因為這樣，讓他轉性開始對同性產生了興趣。我開玩笑跟他聊過，他說他自己也不是很確定。我的擔心不是他是同性戀，而是萬一他是，這個社會、自己家族有沒有辦法接納？他有沒有辦法承擔？如果他不確定他是，我應該用什麼方法讓他多接觸異性呢？

妳小時候有沒有親戚介紹某某的兒子給妳認識的經驗。

喬志

信女

沒有。您建議是我找跟我兒子同期相同歲數，有女朋友經驗的多跟我孩子接觸嗎？

＋　　Enter message...　　　　☺　👍

女性 *34 yrs*

 喬志

不是，一般父母介紹或是媒合都會讓孩子壓力更大，妳只能鼓勵他多做一些正常發洩精力的，問題是，他如果真的選擇同性，妳能陪伴支持他嗎？

 信女

我不排斥同性，自己的孩子再怎樣都會接受，除非殺人放火傷害他人，這個就不行。但我擔心他有沒有辦法承擔輿論的壓力。如果他真的只是因為被拒絕受傷，單純對愛情迷茫，我應該怎麼引導他？

 喬志

如果他選擇了，就要他自己面對，妳頂多在他難過的時候當聽眾，給他無形的力量。

 信女

這是一定要的。也許目前就是順其自然，靜觀其變。感謝您。

＋ | Enter message...

⑨

性別 ── 酷家長

為什麼未成年或是剛成年的孩子，會這麼憧憬愛情，而且一談戀愛很容易死去活來的？

那是因為我們小時候對於孩子的戀愛學分這個課題，是十分壓抑與迴避的。

大多數的父母都會說「等你成年再說」，成年之後就說「先把書念完」「先賺錢好嗎？」

一再被不允許接觸愛情的課題，於是遇上了就越是手忙腳亂，問題一堆。

我無法改變教育制度，

但是我願意提醒所有的父母，

您的孩子以後在感情路上是不是常跌倒，

跟您有非常大的關係。

如果每個父母可以在孩子的每一個階段，

支持並且釋疑孩子們對兩性的好奇，

而不是用高壓以及禁制。

讓孩子在您的提醒之下，仍然保有對感情的一點選擇權利，

讓他們自己學著面對感情，不管他的性向如何，告訴他前面的障礙，

等到受傷的時候，陪著他難過，陪著他哭，

這種支持，比您照顧他保護他一輩子都來的重要。

簡單來說，就像教孩子騎腳踏車一樣。

騎順了，給他鼓勵，跌倒了，為他心疼。

你把腳踏車藏起來，能藏一輩子嗎？

做個酷家長吧！

喜歡一個人，
你覺得最重要該做的是什麼。

自己。

10

我仍相信愛

女性 *37 yrs*

信女

我 37 歲，最近在談離婚，這段婚姻很短只有四年。無論怎麼磨合，婚後的第三年我開始覺得婚姻是一種妥協。

前夫不愛我拋頭露面，不讓我去工作，他認為這是他能給我的安全感，給我房子住，讓我衣食無虞，但其實我覺得自己像隻寵物。

我們在一年前分居，因為他覺得我工作後很忙，影響夫妻生活。這些我都盡力調整妥協。但他變本加厲認為我外遇。後來我們分開了，他很快速和別的女人交往。在這件事中，我失去青春，失去對婚姻的信心，只獲得了恐懼，當初認為跟他在一起很安全，他不會亂搞曖昧，很有原則，適合結婚……你一定會說，我現在自主，也不一定要再嫁過得開心自由，但我其實是需要有家的安全感的，我想聽你的想法，

Enter message...

被愛的心，永遠年輕

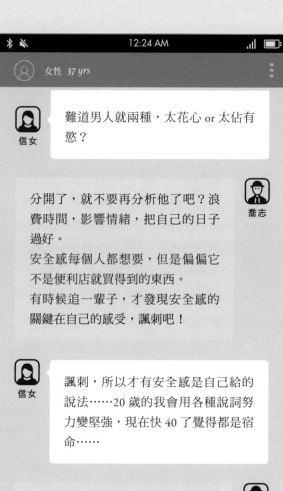

信女
難道男人就兩種，太花心 or 太佔有慾？

喬志
分開了，就不要再分析他了吧？浪費時間，影響情緒，把自己的日子過好。
安全感每個人都想要，但是偏偏它不是便利店就買得到的東西。
有時候追一輩子，才發現安全感的關鍵在自己的感受，諷刺吧！

信女
諷刺，所以才有安全感是自己給的說法……20 歲的我會用各種說詞努力變堅強，現在快 40 了覺得都是宿命……

喬志
追求被愛的心是永遠年輕的，加油。

Enter message…

按下停止健，看清楚自己想要什麼，不要什麼，再往下走。

不要懷疑自己愛與被愛的能力，
起碼我是這樣。

面對愛情的時候，如果妳會有這些感覺
「我是不是不值得」
「他真的愛我嗎」
「我沒有自信跟安全感」
那，很顯然的，
是對方沒有讓妳有足夠的勇氣開始愛，
或是自己的狀態根本還沒有準備好迎接愛。
我們沒有辦法預測愛什麼時候會來，在哪裡出現，
但是當它出現了，請不要像是去吃到飽餐廳一樣的撈本心態，
不吃白不吃，卻忘記自己還在前一段感情的腸胃炎裡。
該讓它擦肩而過的，就讓它過，
該握在手中的，緊握在手。
這才是面對無法預知的愛情來臨的時候，該有的標準。
要避免不斷處在各種懊悔的分手情緒裡，
最好的辦法就是懂得避免不斷的感情。
按下停止鍵，好好看看自己看看過去，
清楚明白自己想要什麼，不要什麼，再往下走。
妳做錯的，提醒自己；他做錯了，妳也可以問心無愧，
不論什麼年紀，都可以擁有自己在愛情裡的安全感。

在一段感情中，
表現得優雅，比表現得優秀，重要太多。
人會老去，但是被愛的心，永遠年輕。

相信我，你會走出來的

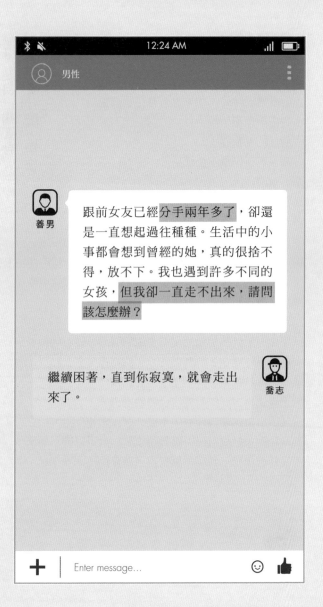

善男

跟前女友已經分手兩年多了，卻還是一直想起過往種種。生活中的小事都會想到曾經的她，真的很捨不得，放不下。我也遇到許多不同的女孩，但我卻一直走不出來，請問該怎麼辦？

繼續困著，直到你寂寞，就會走出來了。

喬志

許多人都來發問
「怎麼辦？我再也沒有辦法談下一段感情了！」
「我真的走不出來，已經好久了！」

其實，你們都多心了，
沒有走不出來，接受不了這件事，
只是時間的長短問題。

失戀的痛，是感情中最好的自我保護機制，
崩潰也好，痛苦也好，憎恨也好，
這些情緒都是讓自己可以看清楚記清楚這段感情的最好方法。
也因為這些情緒，你會謹記這段感情中犯過的錯，
當下一段感情來的時候，一定會比這次好一點點。
所以，
當你身邊有人失戀的時候，不要急著叫他振作。
讓他獨自擁有一下悲傷難過，
對他好，也對下一段感情好，
情傷，是失戀的人，最奢侈的情緒。

要痛多久？什麼時候走出來？
寂寞夠了，痛就會忘得一乾二淨了！

真的愛、對的人不會讓你委屈卑微

有時候，為一段錯愛畫下句點，
比什麼都還重要。

(II)

EX

中古車

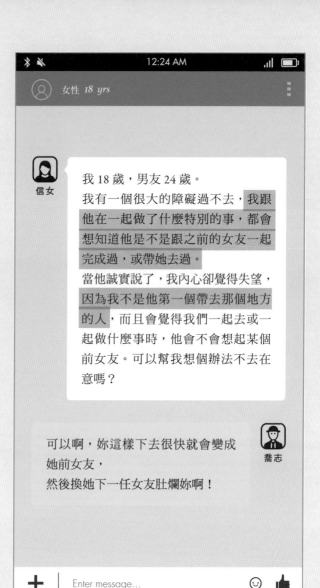

女性 *18 yrs*

信女

我 18 歲，男友 24 歲。
我有一個很大的障礙過不去，我跟他在一起做了什麼特別的事，都會想知道他是不是跟之前的女友一起完成過，或帶她去過。
當他誠實說了，我內心卻覺得失望，因為我不是他第一個帶去那個地方的人，而且會覺得我們一起去或一起做什麼事時，他會不會想起某個前女友。可以幫我想個辦法不去在意嗎？

可以啊，妳這樣下去很快就會變成她前女友，
然後換她下一任女友肚爛妳啊！

喬志

Enter message...

開過的道路，
不想再走，
戀愛地圖就會
越來越狹小。

除了少數人，
我們都只有一次新車的機會，
在那之後，妳我就都是中古車了。

計較什麼？

把注意力放在妳跟他去什麼地方，
而不是他以前跟誰去了同樣地方。
開過的道路妳不想再走，
戀愛地圖就會越來越狹小。

地圖小了，就會吵了；吵不過，就分手了。

然後換妳變成前女友，
妳不用做任何事，就會有另一個女孩吃妳的醋，
這不就是現在的妳？

 花時間跟過去計較，
就是跟自己過不去。

前
男
友
，
當
朋
友
？

妳帶著女朋友的習慣
與依賴，
把希望維繫在薄弱的
「朋友」這兩字。

「我們還是當朋友吧？」
好熟悉的一句話，
帶著一點委屈，一點不得已。
委屈的是，讓妳當回朋友，
不得已的是，我也為難自己。

一句我們還是朋友，
試圖洗去分手時猙獰臉孔的罪惡感。

於是，
妳帶著女朋友的習慣與依賴，
把希望維繫在薄弱的「朋友」這兩字，
卻仍然期待他熱情的回應、不減的體溫，
因為，
他是妳前男友。

妳應該感謝他對妳冷淡，
也應該反省自己的期待。

分手短期內裝大方當朋友，
只會面臨模糊不清的肉體關係，
請避免二次傷害。

舊箱子

信女

我跟男朋友一起住。
前天打掃家裡時發現一個裝了他跟前女友在一起時的東西（信、照片、對方送的禮物、卡片……之類）
我當作沒發現，默默的收好放回原位，後來我問他那個箱子裡面裝什麼？他一直撇開話題，避重就輕的回答說雜物而已……他為什麼不老實告訴我，我實在好在意。

妳有這些東西的話妳會告訴他嗎？
ㄟ！BABE 你看！這是我跟前男友第一次去 M 的發票ㄟ！
會嗎會嗎妳會嗎？

喬志

人類是喜歡窺探的動物。
舊箱子裡的內容物，
不再戴上的手鍊／親手寫的卡片／兩張泛黃的電影票根
甚至，沒有副檔名的影片檔。

我知道，都是不小心，剛好，無意間，
妳觸碰了他和她的過去，
妳忌妒，因為他讓她擁有的笑容；
妳憤怒，因為她讓他笑得更開心。
只是，那些都過去了，
那些過去，都是成就今天的他的一小部分。

妳說實話，
如果他老實一樣一樣從箱子裡拿出來，
如數家珍地跟妳討論著，
妳就真的不在意嗎？

放在舊箱子裡的東西不可怕，
真正可怕的是藏在心裡的東西。

135

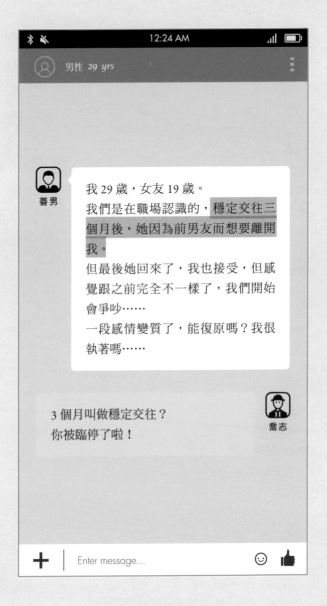

男性 29 yrs

善男

我 29 歲，女友 19 歲。
我們是在職場認識的，穩定交往三個月後，她因為前男友而想要離開我。
但最後她回來了，我也接受，但感覺跟之前完全不一樣了，我們開始會爭吵⋯⋯
一段感情變質了，能復原嗎？我很執著嗎⋯⋯

3 個月叫做穩定交往？
你被臨停了啦！

喬志

Enter message...

當愛情出現習慣性假動作，

一個原本不相干的人，

因為愛，你開始習慣她的聲音、氣味、觸感。

像是被制約一般的相處著。

日復一日之後，

我們給這種相處模式叫「穩定交往」。

對我來說，不過就是兩個人把對方看成理所當然的開始。

對於剛剛交往 3 個月，男大女小差 10 歲的戀情來說，

如果你感覺是「穩定交往」那顯然不妙。

既然穩定，她怎麼會在你跟前男友間來回穿梭，

像是搭計程車一樣，

到達目的地就下車，連車位都不用找。

至於你？

不就是路邊的停車格，

她愛來就停，

停爽就走。

1. 穩定交往不見得是好事

2. 搞不好從頭到尾你都是小王

錢男友，修哥爹地

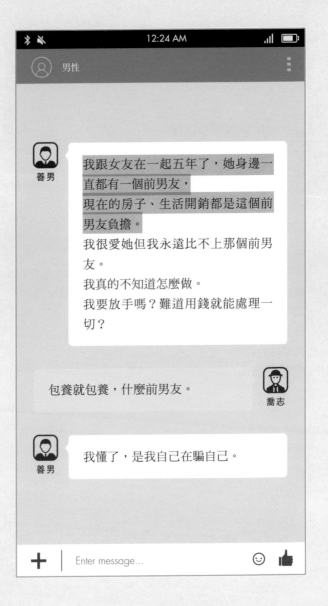

在愛情裡，我們常常自以為是，
挑戰各種危險的關係。
他用自以為的金錢鎖住她的身體跟感情，
她用自以為可以切割的感情困住你。

比不上他的金錢，
所以你只好自以為不在意她的「錢男友」。
危險關係形成，
只等誰先忍不住了。

他相信只要有錢就可以玩弄人性，
她相信他是如此的單純無私慷慨，
你相信她接受金援似乎無傷大雅，
而我不敢相信的是，
他得逞了5年。
她接受了5年。
你，竟然也低頭5年。

修哥爹地一詞來自英文
"SUGAR DADDY"
指提供女性金援換取各種關係者，
通常為男性居多。

怕妳看不到

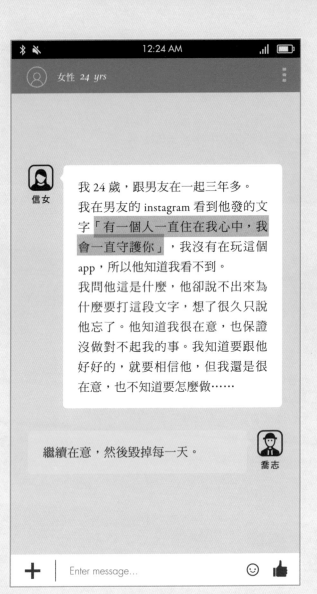

女性 24 yrs

信女

我 24 歲，跟男友在一起三年多。
我在男友的 instagram 看到他發的文字「有一個人一直住在我心中，我會一直守護你」，我沒有在玩這個 app，所以他知道我看不到。
我問他這是什麼，他卻說不出來為什麼要打這段文字，想了很久只說他忘了。他知道我很在意，也保證沒做對不起我的事。我知道要跟他好好的，就要相信他，但我還是很在意，也不知道要怎麼做……

繼續在意，然後毀掉每一天。

喬志

Enter message...

偶爾想起以前不盡完美的感情，
當時不懂珍惜，極度瀟灑，
整個城市都是我的分手熱點。

現在成熟了，長大了，
竟然心裡酸酸的？
於是你在各種社群網站，
放上好有意境的照片，
附上短短「寫給當年的她」的字句。
你心想，只有自己看得懂吧！
卻忘記心裡的小惡魔，
希望當年的她會不會看到？
也忘記自己有個敏感的現任女友。

好了吧？
當詩人自以為浪漫，
害我要回應你敏感的女友。
希望她不要毀掉你們每一天，
但是毀掉一天好心情，已足夠。

真正的祕密，請放在心裡，
可以被看到找到的，就不是祕密。

請問：之前我挽回他，他不要。
現在他要挽回我，我該答應嗎？

什麼啦！挽來挽去是要挽仙桃喔？

(12)

小三

信女

我 23 歲，我愛上一個有女朋友的人。

他每天都跟我傳 line，就連跟女友出國也一定每天跟我聯絡，說要照顧我一輩子。我知道這樣不對，但是無法放棄，心裡一直期待著。

只是看到他們出遊打卡跟一堆照片，我心裡都好難受，

因為我們的合照只能我自己看。

喬志

對啊？以妳現在的年齡跟社會歷練用「一輩子」這種鬼話哄妳就夠了。

放棄？不要啦！當小三多快活？

就算分手……歐，抱歉。

正式來說，妳的身分根本不存在。

所以還可以不列入紀錄。

多～好～

＋ ｜ Enter message...

144

不能公開的相片
不能分享的喜悅

感情，越簡單越好。
關係，越直接越好。
一開始就走歪是為何？
刺激？新鮮？還是有人搶的吃起來香？

愛禁不起比較，更何況是擁有同一個男人的兩個女人？
把自己放在這樣的關係裡，
就只有忍氣吞聲，患得患失。

永遠在期待一個深夜響起的簡訊，
一張不能公開的相片，
還有不能分享的喜悅，
這種僵局，一下子都不可以，
還說什麼一輩子？

談戀愛就要大方讓全世界知道，
不留下案底的戀愛，一點都不實際。
因為你給了對方，
完全否認的機會。

145

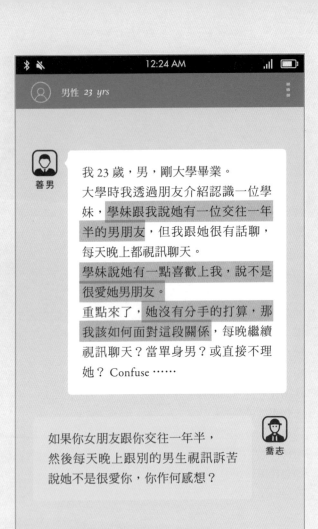

貪心不分男女。

我們都想在愛情裡面多得到一點，
有分寸的，會在另一半身上找到，
沒有分寸的，就會想從別人身上找到。
這種想法與行為既危險又誘惑人，
想法，叫精神出軌，
行動，叫做劈腿。

妙的是，一開始我們都認為我們把持得住，
等到聊天聊到下半身連在一起的時候，
就為時已晚了。

她有男友，又不想分手，但是又喜歡你？
簡單！
如果她是你女友，
你受得了她跟別人說這種話嗎？
碰她，比碰老鼠夾還危險。

 再怎麼相見恨晚，
身邊有人，就給我離遠一點。

碰老鼠夾還可以大聲喊痛，
碰這種她只能自認被玩弄。

照顧自己好當小三?

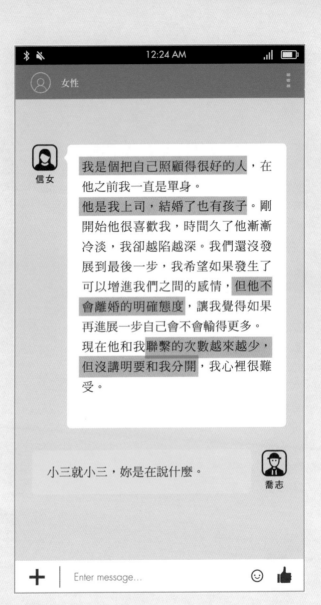

信女

我是個把自己照顧得很好的人,在他之前我一直是單身。
他是我上司,結婚了也有孩子。剛開始他很喜歡我,時間久了他漸漸冷淡,我卻越陷越深。我們還沒發展到最後一步,我希望如果發生了可以增進我們之間的感情,但他不會離婚的明確態度,讓我覺得如果再進展一步自己會不會輸得更多。現在他和我聯繫的次數越來越少,但沒講明要和我分開,我心裡很難受。

小三就小三,妳是在說什麼。

喬志

Enter message...

妳就是小三
妳就是小三
妳就是小三
（因為重要所以寫三次）

愛上有家室的人，
就錯了。
愛上有家室的人還表白，
又錯了。
把發生關係當作感情增溫的籌碼，
不但錯，而且蠢。
覺得這種男人會為了妳離婚，
錯得一塌糊塗。

他冷淡，不就是因為沒吃到？
綜合以上，
妳是把自己照顧好，等人來糟蹋？

兩個不讓步的女人，
只會爽到沒擔當的那個男人。
何苦？

149

同公司的男友劈腿主管。
我每天都要跟這對狗男女共處一室，要怎麼平靜我的心？

明天上班前去買兩罐西莎，分別放在他們桌上，
然後離職。

（13）

多重下體

小姐，妳太看得起自己了

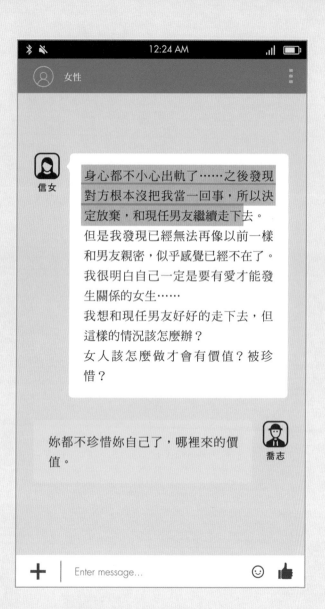

信女

身心都不小心出軌了……之後發現
對方根本沒把我當一回事，所以決
定放棄，和現任男友繼續走下去。
但是我發現已經無法再像以前一樣
和男友親密，似乎感覺已經不在了。
我很明白自己一定是要有愛才能發
生關係的女生……
我想和現任男友好好的走下去，但
這樣的情況該怎麼辦？
女人該怎麼做才會有價值？被珍
惜？

妳都不珍惜妳自己了，哪裡來的價
值。

喬志

Enter message...

女人怎麼做，才有價值？

在愛情裡，如果要靠自己的價值，才留得住一段

關係，那妳就大錯特錯了。

你們不是都說「愛情是無價的」，

那又怎麼可以用一個人的價值，決定在愛情裡的重量？

再者，為什麼用被不被珍惜，來決定一個女人的價值？

女人真的價值，是自己，從來就不是別人給的。

貪心的妳，憑什麼選擇？

面對錯誤的判斷，出賣了心理生理之後，

回到原本的關係裡，又嫌熱情不再。

我只看到妳在兩艘小船間來回踩踏，

好像站穩了自己最後的選擇，

但是早就失去了愛的平衡。

沒摔進水裡，妳都該萬幸。

「我很明白自己一定要有愛才能發生關係」

我倒是真不知道，

是哪一種愛允許妳同時發生兩段關係的？

妳太看得起妳自己了。

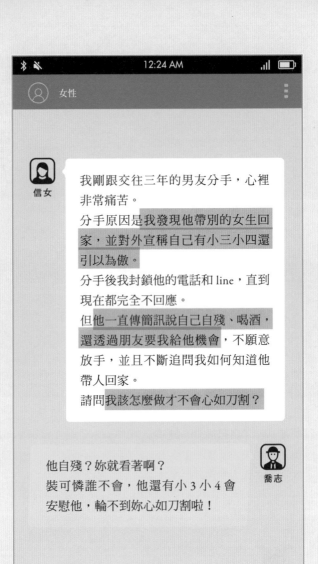

信女

我剛跟交往三年的男友分手，心裡非常痛苦。

分手原因是我發現他帶別的女生回家，並對外宣稱自己有小三小四還引以為傲。

分手後我封鎖他的電話和 line，直到現在都完全不回應。

但他一直傳簡訊說自己自殘、喝酒，還透過朋友要我給他機會，不願意放手，並且不斷追問我如何知道他帶人回家。

請問我該怎麼做才不會心如刀割？

喬志

他自殘？妳就看著啊？

裝可憐誰不會，他還有小 3 小 4 會安慰他，輪不到妳心如刀割啦！

Enter message...

大部分劈腿的人會想挽回，原因很簡單。

1. 比較之後發現還是妳最好

（高興什麼？出去弄兩下再回來覺得妳好？）

2. 發現劈腿的對象也開始盧了

（當初不就是想玩不用負責的？）

3. 不好意思

（有些愧疚，想彌補什麼，倒也不是真的這麼愛妳）

請問各位聰穎冰雪的女性們，

以上 3 點有哪一點看起來是合理的？

但是偏偏就是不信邪，想要試試看，給給看機會？

給一次機會之後呢？

妳就讓自己在他眼中被看不起一點。

因為他不但可以輕鬆的劈腿，還可以隨意地回到妳身邊，

妳讓他方便一次，他會不想再來一次？

如果妳拒絕他回來，他做的一切都不重要了，

因為他只是想挑戰看看到底要做到什麼程度，

妳才願意理他一下。

是不是真的想回到妳身邊？

請懷疑。

妳心如刀割？

人家有小 3 小 4，

正摟著一群新乳高歌呢！

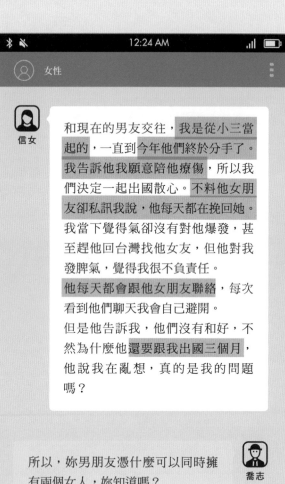

信女

和現在的男友交往，我是從小三當起的，一直到今年他終於分手了。我告訴他我願意陪他療傷，所以我們決定一起出國散心。不料他女朋友卻私訊我說，他每天都在挽回她。我當下覺得氣卻沒有對他爆發，甚至趕他回台灣找他女友，但他對我發脾氣，覺得我很不負責任。

他每天都會跟他女朋友聯絡，每次看到他們聊天我會自己避開。

但是他告訴我，他們沒有和好，不然為什麼他還要跟我出國三個月，他說我在亂想，真的是我的問題嗎？

所以，妳男朋友憑什麼可以同時擁有兩個女人，妳知道嗎？
因為妳們讓他這樣做。

喬志

Enter message…

說好的跟她分手呢？
說好的跟老婆離婚呢？
說好的都是說說而已啦！

我是很想知道，
從小三變成正宮這件事，到底有多大的魅力？
為什麼有這麼多小三都來問我，
「你覺得小三有機會變正宮嗎？」
「為什麼我變成正宮以後他就冷淡了？」

理由很簡單啊！
如果臉書從明天開始，每個月要付使用金 3000 元，
請問會繼續使用的舉手？
我想答案很明顯吧？
不懂？
他為什麼總是說：
「我會跟我老婆離婚啦！就過端午嘛！」
接著端午過了中秋過了跨年看完煙火了發紅包恭喜發財了，
說好的離婚呢？一年拖過又是一年？

好不容易變成正宮了，
他為什麼總是說：
「結婚？好啊！等我們穩定一點就結，好不好？」
接著端午過了中秋過了跨年看完煙火了發紅包恭喜發財了，
說好的結婚呢？到底什麼才算穩定？

157

⑬ 多重下體

劈腿？妳們給的！

因 為 又 要 負 責 了。

如果一個男人當初跟妳在一起，
就是因為要逃避婚姻，享受不用負責的危險愛情，
現在他好不容易從一個洞裡爬出來，
妳憑什麼覺得他會為妳再次跌進洞裡？
等到妳開始有了大老婆的要求與嘴臉，
相信我，他會義無反顧地秒回前任身邊，還會跟她一起講
妳的壞話，
值得嗎？

還是說妳是比賽型的選手，有對手的獎品比較甜？

不知情就算了，如果在雙方都知情的情況下
還不願意放手，
這不是奴化自己？誰給他劈腿的權力？妳們
給的！

（14）

手分手

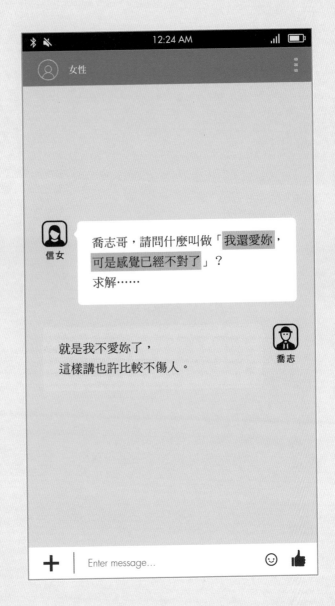

講話的藝術是門艱深的學問，
在感情裡講話更是複雜，
一個字，一句話，一種口氣，
都可以決定一段關係的開始或結束，
更重要的是這段關係可不可以好好結束。

奇妙的是，相愛的時候，放屁都是詩意；
談分手的時候，呼吸聲都像刀割般難以入耳。

當他不想跟妳在一起的時候，
說難聽跟說好聽的差別在哪裡？
說難聽，很痛，但是會醒，
說好聽，好像安慰些，但是會斷不開，
所以妳要聽……？

不需要大文豪與華麗的詞藻，
我倚賴誠懇的 5 個字
「我們分手吧」

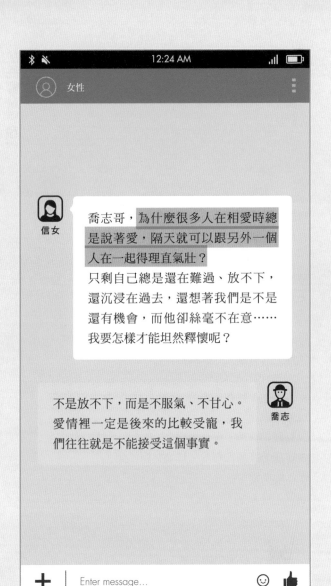

伸手關燈的時候，妳會多想一秒鐘嗎？

沒有人可以在隔天就愛上誰，
一定有許多線索，
只是妳沒有看見罷了。

或許，
他在說愛妳的同時，早就在醞釀另一段感情，
只等著跟妳的關係，像開關一樣關掉。

妳要出門關燈的時候，會多想一秒鐘嗎？
ON 到 OFF 的過程就是如此殘忍。

他如果可以把你們的愛情就這樣關掉，
代表他想都沒想。
既然他想都沒想，
妳還覺得你們有什麼機會？
放不下的人，就會比較痛苦，
為了他，值得多痛一秒鐘嗎？

 有時候，
開關是我們自己交到對方手上的，
只是妳不知道而已。

163

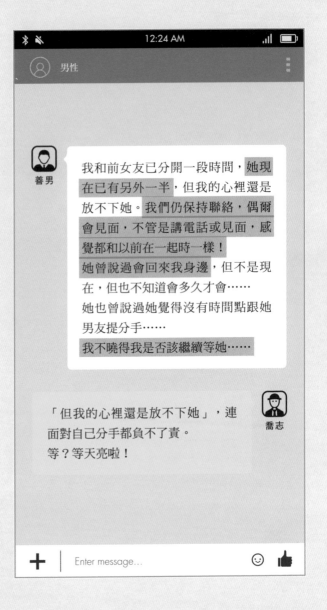

請做一個負責任的前男女友。

你以為分手是說著玩的？
已經分開的兩個人，
真的不應該、不需要，
也不准在短時間內繼續聯絡。
所謂的不要繼續聯絡，
包括不要主動聯絡對方，
更重要的是不要回應對方的聯絡。

對，都是他（她）主動來找我的～
所以你就沒有錯了嗎？
當然有錯。
回應前男女友的邀約或是聯繫，
就代表根本沒有尊重彼此分手這個決定。
尤其是其中一方已經快速交了新對象，
只會把 3 個人的關係越變越複雜。
是誰給她這種貪心的權力？
是誰把你的身分從路人變成準小王？
不要跟我說是因為愛，
愛不應該背上讓她對你予取予求的罪。

沒看清楚分手也須負責的，放不下也看不見未來的，
是你自己。

解決分手後的貪心後遺症，
請單身一陣子。
急著有新關係，
只會讓關係變亂。

善男

我 31 歲，今年年初我跟一個 28 歲女孩子在一起。那女孩對我非常好，不斷的跟我說想跟我在一起長長久久，想在一起一輩子，希望可以嫁給我，但是我始終不敢給她任何的承諾，對她始終冷淡。七月的時候，她喜歡上別的男孩子，跟別人在一起了，我的心都碎了。

她說不會嫁給這個男孩，只是想現在開心，希望我給她一個月的時間，讓她把這段感情處理好，一個月後她就會回到我身邊。

已經過了兩個禮拜，她對我的態度忽冷忽熱，我過得好煎熬，不知道她是否會信守她的承諾，我很怕第二次的傷害，我該堅持下去嗎？她家人都滿喜歡我的……她說這點算是我的免死金牌……我很無助，不知道該怎麼辦……

你馬子去陪人家睡一個月，然後回到你身邊？
堅持跟金牌是奧運選手需要的，不是你，好嗎？

喬志

＋　Enter message...　☺ 👍

166

我們常在愛情中錯估了形勢，

而且以男生居多，

總覺得吃定了人家離不開你，

對方幾句「一生一世」換來的，是你的過度自信。

當發現自己並不是對方的唯一，

天堂地獄瞬間轉換。

推敲，臆測，

用她曾經說過的甜言蜜語，

支持著自己不切實際的想法與等待。

甚至裝起大方，

同意她先與別人發生關係，再回到你身邊，

完全沒有意識到，這不過是騙幼稚園的緩兵之計。

你開始環顧，看看自己的籌碼，

結果是「她的家人滿喜歡你的」，

那請問：

她家人既然喜歡你，

怎麼沒有替你阻止她跟別人在一起？

你的免死金牌，

不過就是對方家人客套的禮貌；

你的堅持，

不就是騙自己大方癡情的假象。

 大方，在愛情裡就是傷害的開始。

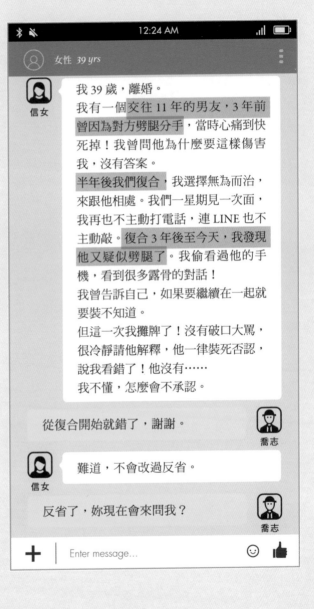

11 年可以做的事很多，
偏偏要拿來賭在一段出錯的感情上。
喔不，這不是賭，
賭，還有贏的機率。

當初對方劈腿就走了，
妳說痛到要死掉？
顯然是痛不過癮吧？
不然怎麼會無條件回收廢物？
當他玩著一樣的伎倆，
說著一樣的謊話，
妳冷靜，代表妳看透了？
妳想證明什麼？
他終究回到妳身邊？
所以妳是贏家？
睜眼談瞎愛，
這局，妳輸慘了。

復合開始，妳就錯了。
偷看對方手機，妳又錯了。
想要他反省，更是大錯特錯。

169

房間清理中請稍候

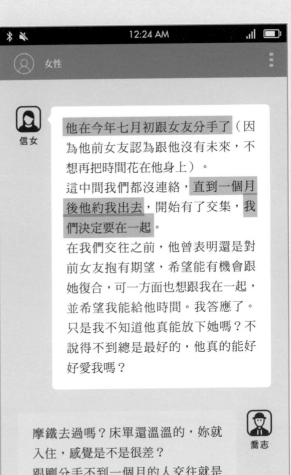

信女

他在今年七月初跟女友分手了（因為他前女友認為跟他沒有未來，不想再把時間花在他身上）。

這中間我們都沒連絡，直到一個月後他約我出去，開始有了交集，我們決定要在一起。

在我們交往之前，他曾表明還是對前女友抱有期望，希望能有機會跟她復合，可一方面也想跟我在一起，並希望我能給他時間。我答應了。只是我不知道他真能放下她嗎？不說得不到總是最好的，他真的能好好愛我嗎？

摩鐵去過嗎？床單還溫溫的，妳就入住，感覺是不是很差？
跟剛分手不到一個月的人交往就是這樣，謝謝。

喬志

他記憶體還沒清乾淨前，你就是個愛情替身。

我真的不懂，
現在流行「說實話就贏了」這種遊戲嗎？

他是正處於分手期間的人，
在記憶體還沒清除乾淨的時候，
妳就急著使用對方的海綿體，
妳其實已經不自覺的把自己變成愛情替身。

聽清楚了，
他明白說著可能還會回到前女友身邊，
所以妳現在跟他幹嘛都是妳自己要負責，
別怪當初他沒說實話這樣？

一開始就是這種高度差異，
還癡想他以後會好好愛妳？

當他的懷抱裡還有別人的體溫，
這種關係都不會牢靠的，
因為他的腦子裡還有她，
所以妳等於是跟兩個人在談戀愛。

172

被斷尾無意識彈跳吸引的妳，
不過就是試圖找一點最後的慰
藉罷了。

壁虎為了自保，
在受到危險攻擊的時候，
會本能地留下斷尾落跑，
斷尾的神經還沒壞死前，會原地扭跳著。
掠食者會被眼前這一小截活蹦蹦的斷尾深深吸引，
而忘記肥美的壁虎大餐已經悄悄溜走。

一段感情的結束，
不論他留下了什麼讓妳意難忘，
熟悉的氣味，
腦海中的畫面，
甚至是分不開的下半身，
這些就像是壁虎的斷尾。
而被斷尾吸引的妳，
不過就是試圖在這些無意識的反射神經裡，
找到一點慰藉罷了。

不管他留下斷尾的目的，
是想繼續使用妳的下半身，
還是只想讓妳在過渡期有點依靠，
這些，
都不是好現象。

感情斷了，
要看的是沒有他的未來，
不是要看他留了什麼下來。

男朋友不愛我了，可是我們還在一起，
我應該放棄嗎？

沒有這種狀態的，大腦分不開叫習慣，下半身分不開
叫砲友，請選擇。

床 伴

12:24 AM

女性

信女

我和他是在一個 Party 認識的，當時喝 High 以後，我們發生一夜情，我原本覺得就這樣玩玩說 bye bye。

隔天中午他陪我去搭車，他跟我要了電話，臨走前我跟他說不好意思，因為我在他脖子上種了草莓，他竟笑說喜歡。

突然我也不知道是否被他感動到，在乘車口一直跟他狂吻，好像彼此都不捨的樣子，我開口問他何時有空，他確認了他工作時間表說星期三沒上班。

我星期二晚上問他明天要見面？他卻沒有回我。

我想算了～他可能只是想玩玩～

但是他突然傳訊息給我，我順問他是否有收到星期二晚上我發的訊息～

他說他星期二工作完很累，隔天也還有很多事情要做！又問我明天要做什麼？我無語又難過，明明就約好了，卻隔幾天才回我訊息，還假裝沒事，他的心態是什麼？我該如何對應他？

「我們發生一夜情」
以上。

喬志

＋ | Enter message... ☺ 👍

我們很容易把「性」這件事的力量高估了。

性的最神聖使命，就是延續物種，

違背了這一點使命的性，就是娛樂。

我們也知道因為時代一直推進，

道德已經抵擋不了人類把性當成娛樂這個潮流，

當然，除了男女朋友之外，

有許多跟性有關的危險名詞也一一產生。

一夜情，就是娛樂性名詞的一種。

既然是娛樂就是單純以取悅雙方為目的，如果要憑著這個目的，作為雙方正常交往的基礎，

那恐怕妳得失望。

我們不是機器，只有開關兩種狀態，我們有七情六慾複雜思緒，會誤判許多狀況，特別是一夜情。

因為身體的親密結束，腦啡自然會分泌，對對方產生一種依賴，寄望，還有情愫。

但是每個人體內的腦啡退效時間都不一樣，退得快的，馬上就會回到現實生活裡；退得慢的，就會繼續被困在不該有的情愫裡面。

這一快一慢相比較之下，就會有失望產生了。

這種情況很像是打壁球，雖然妳很興高采烈滿身是汗，但是妳的對手不就是一面冷冰冰的水泥牆罷了。

想要正常交往，就不要從不正常的關係出發，一開始就不認真的行為，誰會對妳認真？

一夜情問題多，

經由一夜情開始交往問題更多！

妳對一夜情的期待過高了。

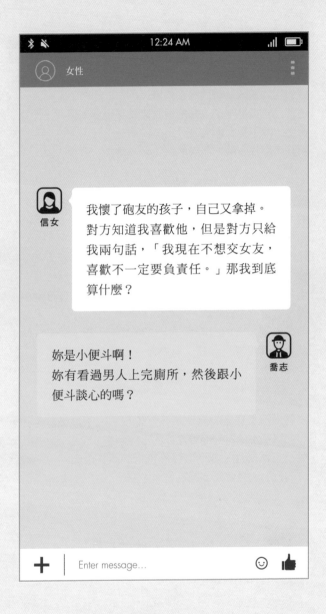

12:24 AM

女性

信女
我懷了砲友的孩子，自己又拿掉。
對方知道我喜歡他，但是對方只給
我兩句話，「我現在不想交女友，
喜歡不一定要負責任。」那我到底
算什麼？

喬志
妳是小便斗啊！
妳有看過男人上完廁所，然後跟小
便斗談心的嗎？

Enter message...

「砲友」這個詞，來自國外的 "FUCK BUDDY"
其實這種危險關係一直都存在妳我之間，
只是隨著時代演進以及日漸開放的性觀念而浮上
檯面，也的確有許多男女樂於此道，選擇這種自
己為完全大方無私，各取所需的性關係。
當然，很多人都會為自己解釋：沒時間談感情啦～
單純的解決需求啦～有共識不麻煩啦～

但是在不只一次的性行為後，除了個人衛生安全需要顧慮之
外，大部分的人都已經依賴跟習慣對方的身體了。
這時候如果剛好碰上了什麼不如意的事，很容易的就會把原
來只是用來宣洩性需求的砲友，變成宣洩情緒的出口。

問題來了，對方不見得想要負擔妳的情緒啊？
人家只是來洩慾的嘛！幹嘛聽妳說這麼多？
於是妳也不高興，認為對方怎麼這麼冷血？
心情不好安慰一下會怎樣？聽妳倒倒垃圾會怎樣？
我怎麼會跟你這種人在一起？
喔喔～
妳搞錯了，他是砲友，不是男友，
妳，該不會是愛‧上‧砲‧友‧了‧吧！
請問，砲友應該跟妳做愛之外，還要負責什麼？
請問，妳懷了一個原本就不該存在的人的小孩，
又要抱怨什麼？
把砲友當成正常戀愛關係，倒楣的是誰？

小便斗，男子專用排泄用器具。
通常男生解決完會抖兩下拉起拉鍊洗手走人，
過程中通常連小便斗長什麼樣都不記得，
更別提還有很多男生用了還嫌它髒臭呢？

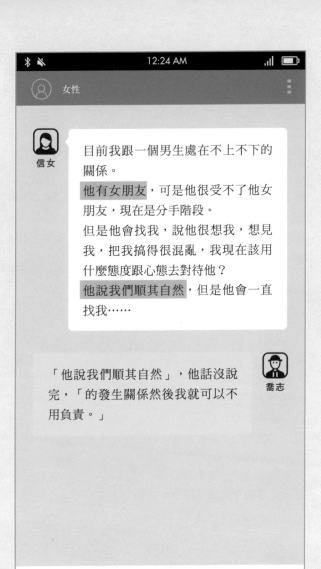

信女

目前我跟一個男生處在不上不下的關係。

他有女朋友，可是他很受不了他女朋友，現在是分手階段。

但是他會找我，說他很想我，想見我，把我搞得很混亂，我現在該用什麼態度跟心態去對待他？

他說我們順其自然，但是他會一直找我……

「他說我們順其自然」，他話沒說完，「的發生關係然後我就可以不用負責。」

喬志

 | Enter message...

母性，是與生俱來的，
憐憫，照顧需要幫助的人，是不分年齡身分的。
「我最近跟我女友很不好」
「我跟我老婆其實已經沒有感情了」
通常男人只要說了這樣的句子，
就是啟動母性的關鍵。

妳會想盡各種方法，
試圖讓身邊這個頹頹倒下的男人振作起來，
說不夠，哄不夠，最後就用身體安慰人家了。
對他來說，很簡單，就是睡到了。
什麼安慰什麼情緒早就在脫褲子後就飛走了。
但是妳可不這麼認為，
妳認為你們有交流，有感情，有精神上的來往，
他的目的怎麼可能是妳的肉體？

怎麼不可能？
他現在是有女朋友的人，
然後還會找妳，還說想妳，
他不要妳的肉體，難道是妳的大腦？

妳跟他處於不上不下的階段？
但是他只想跟妳上上下下。
妳的母性，已被利用。

181

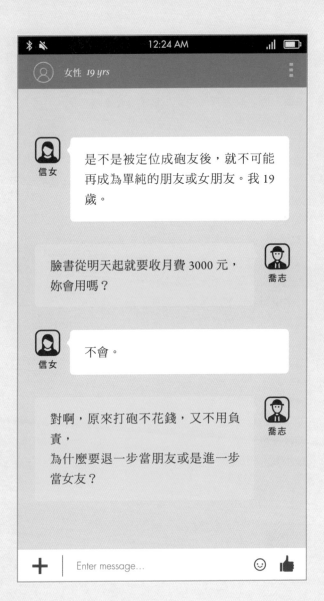

事實上，妳哪裡也去不了。
何況他不只妳一個砲友的話？

我們都會把很多事情理所當然，
社群網站，通訊軟體，應用程式
通常只要哪個 APP 開始要收錢了，
大家第一個反應一定是「那我不要用了」！
或是「用其他的軟體就好啦」！
這點小便宜小聰明，妳不會沒有吧？
砲友，不就是建立在這樣基礎上的關係嗎？

奇妙的是，有很多砲友關係並不是對等的，
通常也都是女方會因為喜歡對方而甘願從砲友做起，
心裡卻始終期望著，抱持著「先當砲友吧？過一陣子就有機會當女友」這種心態，
好像是把「砲友」當成「準女友」的熱身運動一樣。
事實上，妳哪裡也去不了。

退一步當朋友？
不可能，當他進入妳身體的剎那，你們的關係就不再簡單了，
朋友之間，有比金錢往來更糟的，就是有性。
進一步當女友？
也不可能，他只想要進入妳的身體，至於妳的大腦，他不在乎，原本不用負責的性，現在還要負責妳的感受，太多餘了。
妳終究是掛著砲友的名牌，卡在他跟妳只有下半身的彈丸之地，動彈不得。

「那不是有一種一直當砲友，也都很喜歡對方的男女嗎？」
有啊！因為雙方都膽小的不願意面對愛情的責任跟自己的感覺，所以只好一直做一直做一直做一直做一直做一直做。

12:24 AM

 女性 *28 yrs*

信女

你好，我 28 歲未婚，是一個 4 歲小孩的媽媽。
在跟別人發生一夜情後，對方希望試著交往，可後來對方卻常說工作忙不能陪我，見面也只是愛愛，其實心裡很清楚他只當我是砲友，所以我跟他攤牌我不要這樣的關係，他居然要和我以結婚為前提交往……該讓自己再笨一次嗎？

10 年後親子對話。
母：你知道媽咪以前怎麼跟爸比認識的嗎？
我們以前是砲友誒！
父：是啊！還記得我們一夜情那次嗎？
我天亮前就急著走，好好笑歐！
孩子：……

喬志

 Enter message... ☺ 👍

人生總有許多事情沒有辦法好好解釋，
好好解釋反而會換來反效果。
避免日後難以啟齒的答案，
最好的辦法就是在開始走錯之前先阻斷可能。

但是偏偏我們都愛冒險，
都喜歡「先錯了再說」，
看看問題以後會有多糟，再來面對也不遲，可是往往問題來了，卻又要後悔當初做的決定。

現在討論的，不是一雙勉強買下，不合腳但是美得要死的高跟鞋，也不是服務生送錯的餐點，不在意就勉強吃，在意可以請店家重做，而是身邊已經有了下一代，妳要怎麼教育孩子。
當然，很多人都會問我「砲友就真的沒結果嗎？」這種話，其實我們心裡都清楚，會來問的，多半都已經愛上砲友了，不論我怎麼說，她們關上 FB 後就還是會想跟砲友修成正果。

單身的時候，妳要怎麼被傷心是妳的事，但是現在，多了孩子跟妳一起度過人生的喜怒哀樂，是不是可以稍微認真地思考一下，既然單親對孩子來說已經是件不容易的事，如果真的要替自己找個伴，或是為孩子找個榜樣，這個對象是不是要謹慎一點？

單身的時候，妳要
怎麼被傷心是妳的事，
但現在多了孩子，
妳是不是可以更謹慎。

不管當初造成單親的原因是什麼，
現在為人母，考慮任何事情，請帶一點為人母的智慧。「砲友跟我以婚姻為前提交往」聽起來如何？請面對自己為人母該有的責任及犧牲吧！

為何想打分手砲？意義何在？

撈本。

如果是女生想打呢？

廢物利用。

⑯

離遠一點

信女
請問喬志先生對遠距離戀愛的看法。

就是縮短戀愛週期的慢性病。
喬志

遠距離戀愛就是「偽戀愛」，

分處在兩個不同地區的人，唯一剩下可以維持感情的，就是通訊軟體、社群網站以及少得可憐的見面次數。

人是感官的動物，當我們脆弱的時候需要安慰的時候，

再多的文字貼圖也抵不過一個真實有體溫的擁抱。

所以不可以遠距離嗎？

可以，但是必須有條件。

如果妳們有短期的共同目標而不是漫無止盡的等待，

如果他願意在離開前先許下承諾，

想交往的先公開，

想結婚的先訂婚，

結了婚的能搬就搬過去。

我知道距離對感情真的殺傷力大於承諾，

如果對方對這樣的要求面有難色，那就不用多說什麼了吧？

但是以上幾項已經是最不是辦法的辦法了，

連這個都做不到就別說什麼遠距離了！

人都怕寂寞，

找個看得到摸得到用得到的另一半在身邊，

是不是實際多了？

分手隔一週，她就交了新男友，
我該問清楚原因嗎？

相信我，知道原因你會更難過。

（17）

等

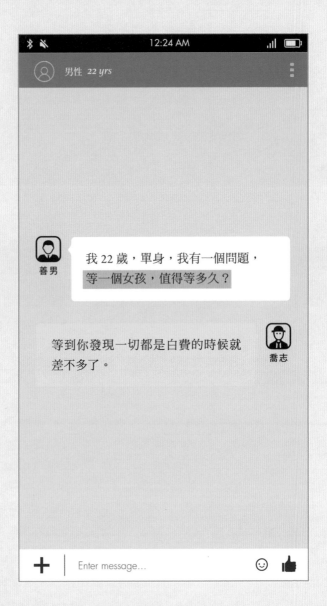

善男
我 22 歲，單身，我有一個問題，
等一個女孩，值得等多久？

喬志
等到你發現一切都是白費的時候就
差不多了。

愛情不能等，一點意義都沒有。

因為愛情不是排隊美食，

為了嘗一口好吃的滿足自己，抽號碼排隊無所謂，

但是排隊領號碼牌等著交往這件事，

聽起來真的令人不舒服，

感覺上好像是「有耐性我就可以吃到妳」（用吃

這個字我已經很客氣了）

這件事讓我想到多年以前，

我在國父紀念館公園邊看到一群公狗圍著一對正在交配的狗，

牠們興高采烈地進行著，一隻接一隻，

母狗終於昏厥過去，

但是圍在一旁的公狗卻沒有要散去的意思，

那個畫面讓我印象好深。

因為褪去華麗精裝的愛情糖衣之後，

「等」這個行為看起來好像真的也就這麼回事。

今天如果這個女孩值得你等一輩子，你等嗎？

愛情得自己追尋與創造機會，

等得到的愛情，都已經退冰出水，不健康了。

真正的愛，不會讓你等，

等到手的愛，得到的快感大於愛情本身。

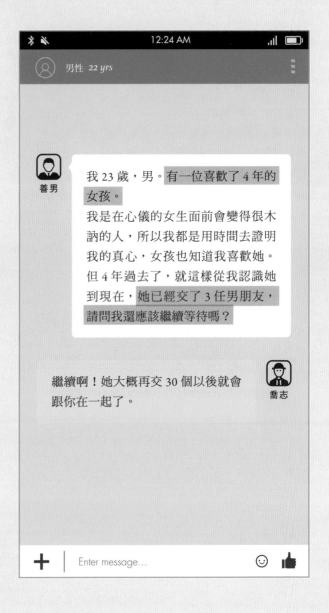

男性 *22 yrs*

善男

我 23 歲，男。有一位喜歡了 4 年的女孩。

我是在心儀的女生面前會變得很木訥的人，所以我都是用時間去證明我的真心，女孩也知道我喜歡她。但 4 年過去了，就這樣從我認識她到現在，她已經交了 3 任男朋友，請問我還應該繼續等待嗎？

繼續啊！她大概再交 30 個以後就會跟你在一起了。

喬志

Enter message…

有很多事不是累積就可以有結果的。

你說你都是用時間證明你的真心，

所以，今天只要出現一個時間比你長的人，你不

就輸了？

愛情的發生不是比賽誰的時間長，

時間這種東西是一直存在，不需具備，每個人都擁有的，

如果等待可以讓你得到她，

那她為什麼會在這期間換了 3 個男朋友，還沒輪到你？

而且，我也相信，那 3 個男的一定也不是用時間感動她，才

贏得芳心的。

你認真地認為，她的心裡有一個屬於你的位子，只需要你用

時間來證明嗎？

在等待的這 4 年間，她的成長，她的戀愛，她的改變，也一

直在進步，

而你，在與異性相處這件事情上卻遠遠被拉開，

可能連你都沒注意到，這個讓你等了 4 年的她，

早就已經不是你能夠應付得來，4 年前你喜歡上的那個女孩

了！

 等待、守護，是感情中最不值錢的籌碼。

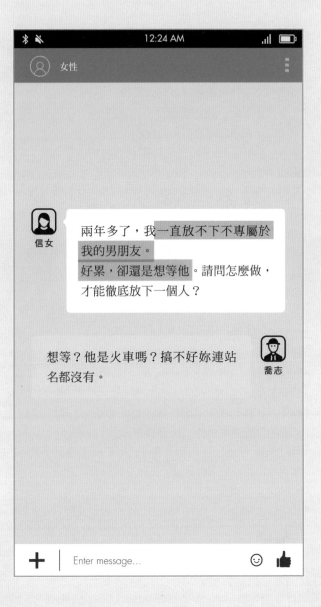

在感情裡，如果等人的男人是傻子，
那麼，等人的女人就是傻到油門踩到底了。

時間對女人特別不公平，
男人有了年紀，就會有魅力，
女人有了年紀，就是有了年紀的女人。
如果這樣，幹嘛把時間浪費在一個看不見盡頭的
事情上？
更好笑的是，這個盡頭全人類都看到了，就妳瞎了，
妳真的這麼笨嗎？真的這麼死心塌地？
不，我想這個男的，一定也用了一點手段，
讓妳一直覺得有希望，對吧？
也許是若有似無的殷勤，也許是肉體上的火熱糾纏，
如果在這兩年裡面妳都沒有嚐到甜頭，
相信妳也不可能信誓旦旦地在原地等待。
但是手段，畢竟就是手段，
他也許只是需要把妳留在身邊，當作餐後甜點，電話一到，
妳就得打扮梳洗香噴噴的迎接他，甚至忍受他臨時變卦讓妳
白費心思，值得嗎？

兩年的時間，都足以讓妳發展一段真正完全屬於妳的感情，
請別忘記，女人是活一秒，就老一秒，
別把自己最美好的階段，給等掉了。

 我相信妳對於自己是他的其中一站深信不疑，但
是在開火車的，是他，不是妳啊？

我很愛我的前女友，但是她卻劈腿4次，
我有機會把她追回嗎？

你的職業是資源回收嗎？

18

是愛還是習慣

愛與習慣

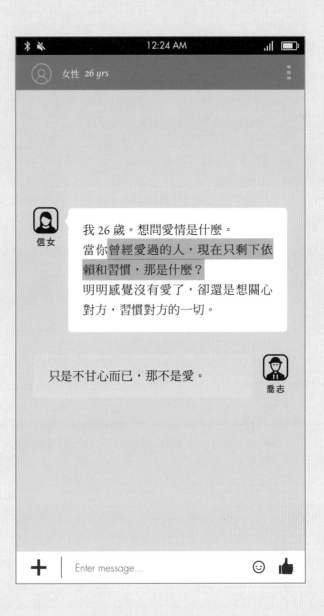

「我還愛他，但是受不了他的習慣」
「我不愛他，但是好像已經習慣他了」

這兩個問題看起來很像，但是不然。
一個是還有感覺，但是不喜歡對方的行為；
一個是沒感覺了，但是也就拖著放著。
前者還可以修正，但後者只是不想解決，

簡單說，就是有愛沒愛的差別。

事實上，愛是會用完的，
愛用完之後就剩下相處，
相處用完之後就剩習慣，
習慣對方的每個日子，就叫婚姻。
從愛出發，婚姻結尾，這是算是不錯的過程了。
幸運的話，婚姻可以維持一輩子，
如果中途分開了，但是又捨不得，
就會像鬼打牆一直分分合合，
似乎已經分不清楚到底是愛還是習慣。
這樣的循環，其實是兩個人都沒有為自己下的決定負責，
並且抗拒面對即將或是已經失去的一段關係，
留戀著習慣對方的存在或陪伴，誤認它是愛，
就是無止盡的糾纏而已。

分分合合到最後就是分分合合，
只是多一次還是少一次罷了。

當愛情走到重症，
其實已經非關愛情

千萬不要為了一個不適合、不值得的人，
而對不起所有愛你關心你的人

(19)

公民與道德

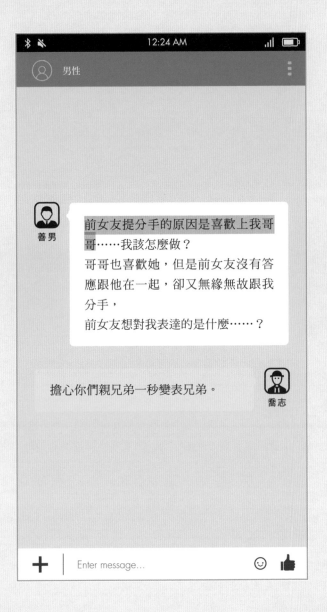

善男

前女友提分手的原因是喜歡上我哥哥……我該怎麼做？

哥哥也喜歡她，但是前女友沒有答應跟他在一起，卻又無緣無故跟我分手，

前女友想對我表達的是什麼……？

擔心你們親兄弟一秒變表兄弟。

喬志

我是不知道，
念書的時光離我是不是真的這麼遠，
但是看看現在的愛情倫理，
好像才是真正離我很遠的事情。

人之所以有別於獸，
就是我們必須被規範著。
路邊野狗在交配的時候，
進行中的一對，旁邊一定有許多公狗環伺著，
不會客氣，牠們不會給予休息的機會，
因為那是大自然傳播下一代最好的方式，
強種延續，弱種淘汰。

但是兄弟之間，有必要眼光如此一致嗎？
她的離開，只表達一件事，
就是她比你們兄弟倆提早看清楚，
這是個只想交配不想延續生命的局。

 《投名狀》那句話怎麼說來著？
兄弟亂我兄弟者……

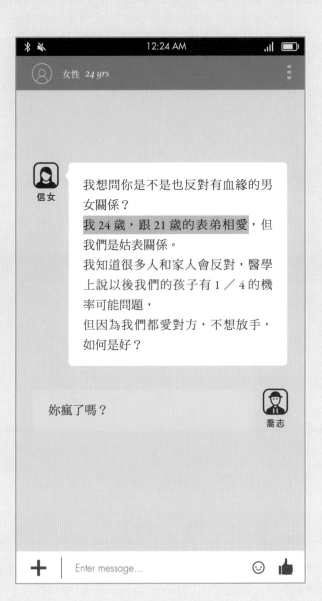

我擔心的不是優生學，

我擔心的不是外界眼光，

不管今天是否有 1 ／ 4 的機率會生下有殘疾的寶寶。

不管「近親相姦」這 4 個字會不會變成你們代號。

寶寶是殘疾，想辦法養就好啦！

近親相姦，真愛不怕人家講啊！

那我擔心什麼？

是法律。

台灣的法律已經夠殘破，

更別提對這樣的事可以保護什麼，

再大的愛與勇氣，

若是與法律抵觸，

一切會變得可笑與無意義。

你們要一輩子在一起吧？

那就得挑戰這個制度一輩子了！

在台灣

4 等親〔包含〕以上通婚是不合法的。

供參考。

我愛上我弟的前女友，
但我不知道父母和我弟知道後會怎麼想，
我該放棄她，還是繼續這段感情？

親兄弟的前馬你要碰？
麻將你打過嗎？
惡碰是大家最公幹的人。謝謝。

(20)

未熟

有些規矩，還是守著吧。

雖然現在的世代，
對於感情這件事的超齡速度就像趕高鐵一樣，
已經是無法想像的快捷與早熟。
以前，國中的時候，萬一被知道談戀愛，
那可不得了，
現在，國中的時候，萬一被知道還沒談過戀愛，
那才是真的不得了。

14 歲，不就是個孩子啊！
但是我們又似乎沒有辦法阻止他們，
對於愛情還有身體上的好奇與探索。
我剛剛說的「談戀愛」這件事，
已經是他們這個年紀同儕之間，
做過聽起來最客氣的事了。

但是，原諒我的老派想法。

在法定年齡上做分界，
或許有點硬冷，
但是在這個愛情與身體與心智年齡混淆的時代，
有些規矩，還是守著吧！
總有一天，你會慶幸自己也有過老派想法。

戀愛不宜太早，
相處只能多不能少。
讓兩性相處變得稀鬆平常，
兩性就不會只剩下性。

偶像劇一姐

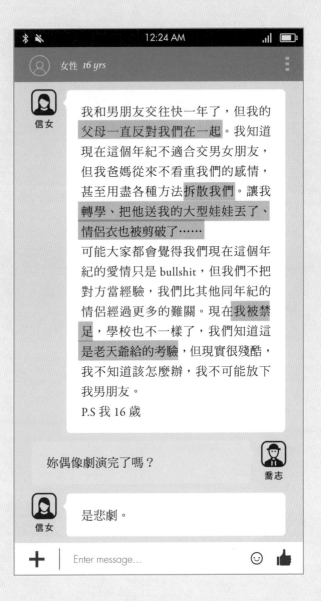

儘管是振振有詞，
說明著自己，說服著我，
像是妳倆對抗全世界一樣的偉大愛情，
濃烈，確定，無堅不摧。
真的好愛，但是沒有人懂，
偏偏這段感情，又要決定在那些
不懂妳們偉大愛情的人手上。

只是，字裡行間存在的事實與線索，
父母、大型娃娃、情侶裝，
門禁、學校、歸咎老天爺，
這些，就是妳這個年紀認為的難題，
還有生活的全部吧？

那我請問，
妳能為這段感情負多少責任？
他又能負多少？

多愁善感，把自己的生活當成偶像劇在演？
書包都還沒放下，
還擔心放不放得下男朋友？

213

你爸媽在嗎？

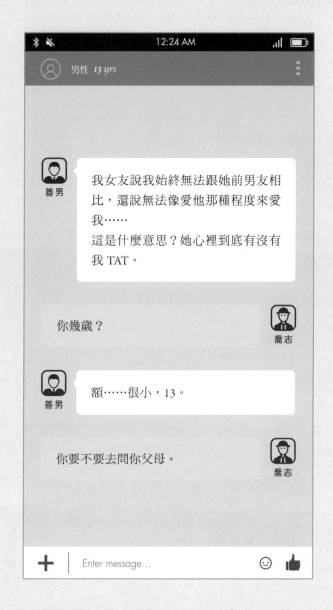

「18 歲以下不回答」是我的門檻。
原因很簡單，
我認為你們的父母，
比我更應該知道你們在幹什麼。

13 歲，小六升國一，
跑來找我問前女友的感情問題。
那種感覺就跟偷偷幫女友買墮胎藥一樣。
以為繞過大人，神不知鬼不覺的私下解決了什麼？
我的存在，並不是一個讓大家逃避面對感情的管道，
而是希望每個人認真面對自己的感情。

也有人說：
就是因為這是個懵懂的年紀，你才更要幫他們不是嗎？
又錯了，
真正要幫這些未熟男女一把的，是教育。

但是很無力的是，從青春期 12 歲開始，
我們的教育就迴避了愛情學分，
讓好奇的孩子，用錯誤的方式認識兩性。
面對偉大的教育制度，
你們覺得，是我幫得來的嗎？
對不起，這超出我能力太多，太多。

有時候，主動跟孩子聊聊感情，
當個酷爸媽，也不錯。

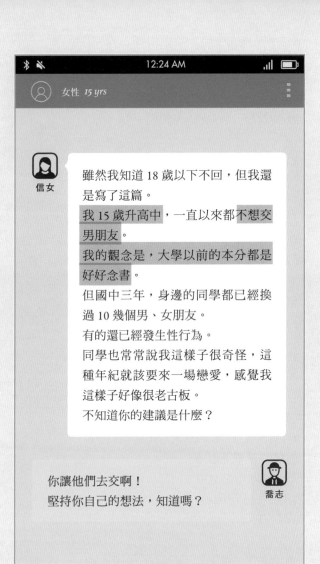

信女

雖然我知道 18 歲以下不回，但我還是寫了這篇。

我 15 歲升高中，一直以來都不想交男朋友。

我的觀念是，大學以前的本分都是好好念書。

但國中三年，身邊的同學都已經換過 10 幾個男、女朋友。

有的還已經發生性行為。

同學也常常說我這樣子很奇怪，這種年紀就該要來一場戀愛，感覺我這樣子好像很老古板。

不知道你的建議是什麼？

你讓他們去交啊！
堅持你自己的想法，知道嗎？

喬志

Enter message...

群體動物的本能很簡單，

出生，長大，急著繁衍後代，衰老，被環境淘汰，

不需要引導，自然而然就是如此。

人呢？我們也是群體動物啊？

只是在原本簡單的過程中，

我們完成生物循環的腳步跟節奏會被稍稍打亂。

要不然在套套發明前，我們都是隨著大自然的節
奏行進，哪有什麼「生小孩最佳的時間點」這種
選項。

但是沒辦法，我們不像動物一般的簡單直接。

因為我們有七情六慾、道德規範、人生規劃一大堆理由，

讓我們聽起來好像有許多逃避生物循環的藉口。

愛情，另一半，婚姻，配偶，下一代，這些產物好像也被虛
榮影響，在每個人生階段或多或少的變成「配備」，

「妳怎麼還沒交男友？」

「你老大不小了，該結婚了吧？」

「是不是該生個小孩？」

這些話聽起來都是「人家」提醒我們應該這麼做，但是更重要
的是自己想怎麼做。男友劈腿，婚姻不美滿，孩子生育教養，
請問是身邊這些人要負責，還是自己？

不用特別羨慕身邊的朋友已經提早完成的人生進度。

尤其是 15 歲的妳，在這個年紀，就清楚的有自己的堅持跟想
法。我覺得，很棒！

人生是一場一定要跑完的馬拉松，
用自己的配速，完成自己的人生。

那個、你好⋯⋯我今年 13⋯⋯
小五時和前男友開始交往，但因為他家人反對而分手。
我還是很愛他，但他一點表示也沒有，我該繼續愛嗎？

要不要妳給我電話？我打給妳爸媽聊一下？

21

鬧人命

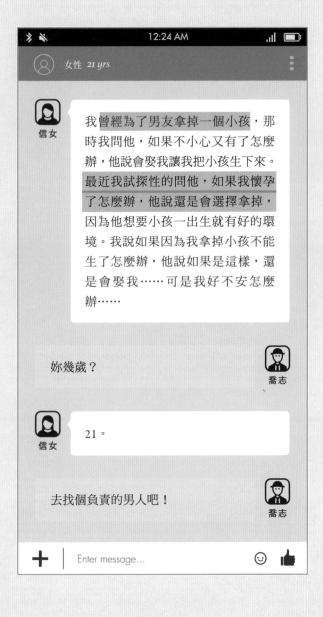

12:24 AM

女性 *21 yrs*

信女

我曾經為了男友拿掉一個小孩，那時我問他，如果不小心又有了怎麼辦，他說會娶我讓我把小孩生下來。最近我試探性的問他，如果我懷孕了怎麼辦，他說還是會選擇拿掉，因為他想要小孩一出生就有好的環境。我說如果因為我拿掉小孩不能生了怎麼辦，他說如果是這樣，還是會娶我……可是我好不安怎麼辦……

妳幾歲？

喬志

信女

21。

去找個負責的男人吧！

喬志

Enter message...

女人的身體是神殿，請慎選進入膜拜的人。

身體，是女人最重要的資產，

除了健康之外，也是孕育下一代的偉大殿堂，

在妳決定讓誰進入妳的殿堂之前，一定要好好篩選。

我想，沒有人願意自己的殿堂，像是遊樂場一樣人來人往的，

既然認定了對象，就應該努力經營，

想要進入殿堂的男人，必須付出真心，

而不是隨便說說幾句甜言蜜語，就可以在妳身體恣意遊走。

眼前的這個男人，顯然沒有想要承擔責任的意思，

不但是一直毀掉新生命，也沒有尊重妳的身體，

看起來也只是想用盡各種理由，在妳的殿堂留下到此一遊的痕跡罷了。

趁著還年輕，好好修護身體，

妳的殿堂值得更好的人。

當妳告訴他妳懷孕了，他的第一反應很重要，
如果當下不是喜悅，接下來就別裝了。

221

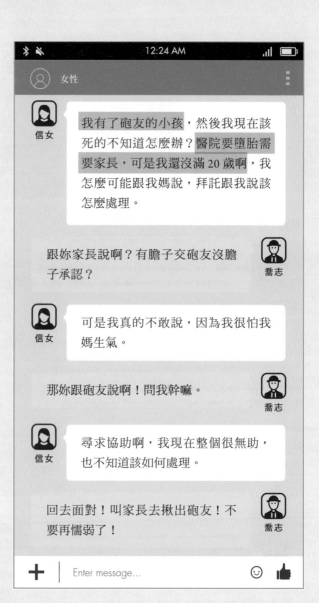

急著變成大人，是會付出代價的。

在這個問題裡的代價，
就是一個生命。

懵懂的年紀，什麼都還沒有確定，書也還沒念
完，卻過分成熟的先有了性伴侶，
現在衛生署統計有性行為的青少年，平均年齡
已經下修到 13、14 歲，
這代表違法墮胎的情形比妳想像中的嚴重，
多數的女孩，甚至不知道懷的是誰的孩子。
曾經有一位 17 歲少女的父親向我訴苦，
因為他女兒同時有 5 個性伴侶，
所以他得一個一個的通知他們的家長，
說他們的兒子有可能是孩子的父親。
連續面對 5 個家庭，做父親的怎麼會好受？
但是起碼這個 17 歲女孩願意與家長坦承，

而現在這個女孩第一個想到的是「我要偷偷拿掉」，
第二個才是「我沒 20 歲要家長同意才行」。
家人始終是擺在能不知道就不知道的地方就好，
然後整件事裡，有個角色始終沒有出現，就是孩子的爹。

鬧出人命了，請跟家長誠實面對，
私下解決只會出更多問題。

男友生病逝世了，我該不該忘了他，再找下一個男生？
會對不起曾經的他嗎？

記得他快樂的臉，忘記他病痛的樣子。
因為在天上的他，會用快樂的臉，陪妳迎接下一個他
的出現。

（22）

愛情動作片

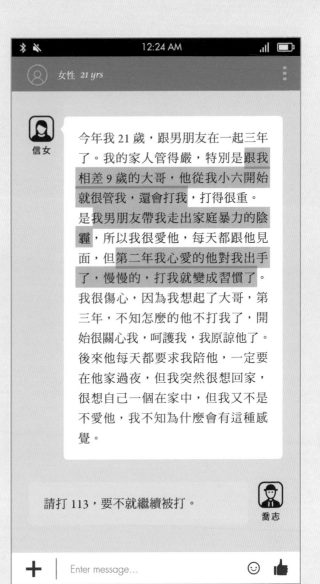

女性 *21 yrs*

信女

今年我 21 歲，跟男朋友在一起三年了。我的家人管得嚴，特別是跟我相差 9 歲的大哥，他從我小六開始就很管我，還會打我，打得很重。是我男朋友帶我走出家庭暴力的陰霾，所以我很愛他，每天都跟他見面，但第二年我心愛的他對我出手了，慢慢的，打我就變成習慣了。我很傷心，因為我想起了大哥，第三年，不知怎麼的他不打我了，開始很關心我，呵護我，我原諒他了。後來他每天都要求我陪他，一定要在他家過夜，但我突然很想回家，很想自己一個在家中，但我又不是不愛他，我不知為什麼會有這種感覺。

請打 113，要不就繼續被打。

喬志

Enter message...

大多數的女性，在第一次遭到暴力相向之後，
都會選擇原諒，認為這是一時情緒失控，
選擇相信男生不是故意的，
但是在男生的看法卻不是這樣。
當第一次動手之後，妳若是沒有採取任何行動，
他解讀會變成「他可以這樣做」，
於是，一而再，再而三的，
他對妳的身體越來越不尊重，出手自然也越來越重。
所以妳知道要離開這個恐怖情人了嗎？
沒有，妳選擇留下，妳心中竟然出現一種奇妙的想法，

他打我，是愛我，是在乎我，他也不知道他在傷害我，
但是事實上我知道他是愛我的。

越是幫他跟自己找藉口，這個輪迴就越恐怖，
再加上怕說出來了丟臉，竟然也就一忍好多年，
甚至有些長輩還會勸妳「當年我也是這樣過來的」。
動手，就是不對，
請不要再為自己找藉口，姑息動手的他。

妳知道嗎？
多數打女人的男人，連小動物都不敢殺，
但是打妳可沒在客氣的。

我愛妳，我打妳

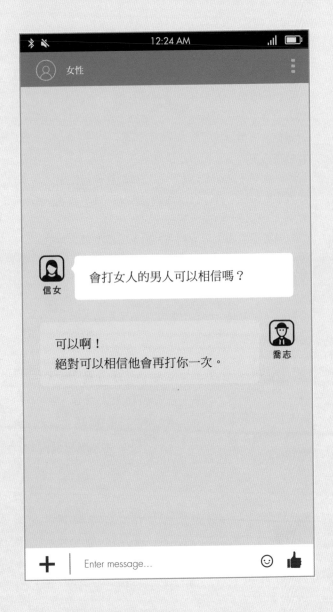

「碰到恐怖情人怎麼辦？」
首先，如果妳要等身邊的恐怖情人「變好」，
那很抱歉，這是不可能的。
如果恐怖情人會變好的機率是萬分之一，
那妳憑什麼覺得自己是幸運的萬分之一？
言語暴力最後就會變成肢體暴力，
肢體暴力一次之後就會變本加厲。
怎麼辦？
「我還是很愛他！」「他都會下跪哭著道歉！」
「他說他真的很在乎我！」
以上就是妳們最常聽到的對白，對吧？

愛怎麼可以當成動手與被害的藉口？

台灣的孩子戀愛學分並沒有在成長過程中被重視，
不論教育制度，家長父母，
都是採取迴避與高壓的方式解決年輕人對感情的好奇，
「不准！」「你試試看！」「叫妳念書妳去學校給我談戀愛！」
以上也是孩子們最常聽到師長父母的回應。

我愛妳，我打妳

我們在外國電影裡面常常看到，
畢業舞會的時候，男孩穿著正式服裝，
努力打工存錢租一台加長禮車，
伸出發抖的手指按下女孩家門鈴，
面對應門的女孩的父母親，
腦袋一片空白，手心冒汗，腋下溽濕，頭皮發麻，
男孩答應了女孩的父母，今晚會好好照顧她，
並且在午夜之前一定安全親自送她回來。
女孩穿著小禮服，慢慢從樓梯上走下來，
接過父母的牽引，這才把女孩交到男孩手上，
這個畫面就是畢業舞會。
正式服裝、禮車、父母當面的叮嚀，
讓男孩第一次學到對女孩的「負責」與「尊重」。
負責的是，女孩的安全；
尊重的是，女孩的身體。
但是我們的畢業舞會，就是去暢飲店喝爛醉，
然後酒後失身。
對男生來說，就是得來容易，
對女生來說，就是不以為意，
這時候，就埋下了對身體不需要責任與尊重的因子。

成年之後，繼續求學或是找份工作增加自己的競爭力，
一點都沒有吸引力，

最先爆炸的是一直以來被高壓不允許的渴望：談戀愛。

於是這些對戀愛的渴望與期待，

不論心理與生理的需要，全部寄託在某個人身上，

這時會產生一種變相的情感依賴，

迅速同居、互稱老公老婆、過度的在社群網站放閃，

這不是戀愛，這是霸佔。

這些行為出於對自己的沒有自信與不確定感，

所以要用這樣的方式霸佔對方是「我的」，

並且生活在自認為童話般的感情狀態裡，

這種霸佔，就是第二個因子。

但是童話，並沒有教我們分手怎麼辦？

於是根本不能承受愛情崩解的壓力，

於是不能接受愛情中斷事實的殘忍，

這些壓力與殘忍又必須找到出口，

霸佔的情緒，加上不懂得尊重對方的身體，

兩個因子的結合，產生了恐怖情人。

那怎麼辦呢？

我愛妳，我打妳

既然恐怖情人不會變好，那我怎麼辦呢？
我沒有辦法告訴妳怎麼辦，因為不會改變的是他。
妳可以改變自己，避開恐怖情人，
「懶，妥協，一廂情願」就是恐怖情人壯大的最好肥料。

不要懶，
想到要重辦電話，手續好麻煩，
想到要找房子，要搬家，打包好累人，
想到要關版，以後還要申請新的帳號，好累。
懶得做這些事，就是留線索讓他找到妳。

不要妥協，
不要因為他的眼淚、道歉，就原諒他，
妳原諒他一次，他的解讀就是我可以打妳兩次。
立刻離開、中斷，然後讓身邊所有的人知道，
包括朋友，雙方家長，甚至管區知道他有這樣的傾向，
而且越多人知道越好，
少一個人知道，就少一個人幫妳，
妥協留下來，就是告訴他打妳是重視妳。

不要一廂情願，
妳以為妳的愛可以感化他？讓他變好？
抱歉，妳是談戀愛，不是拯救蒼生需要大愛，
妳不是監獄，也不是戒斷中心，
妳不就是個一般女孩，不要把自己看太偉大了，
一廂情願，就是推自己走向毀滅。

以上恐怖情人診斷男女皆適用，
不要看了還在那邊蛤來蛤去覺得不想面對。
愛情不是像呼吸一般自由一般理所當然，
愛錯了，就勇敢面對自己愛錯了的後果，
衷心祝福，希望刀尖下再也沒有冤魂。

ps. 如果妳才剛跟恐怖情人分手，
請承擔分手後起碼單身一年的寂寞，
避免多一具屍體，謝謝合作。

233

請問跟有暴力傾向的男人交往，要準備什麼？

要準備驗傷。

（23）

重症

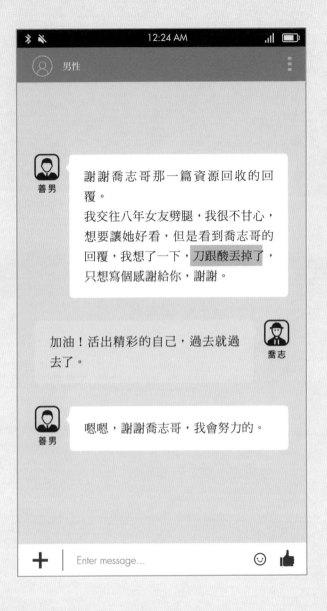

善男

謝謝喬志哥那一篇資源回收的回覆。

我交往八年女友劈腿,我很不甘心,想要讓她好看,但是看到喬志哥的回覆,我想了一下,刀跟酸丟掉了,只想寫個感謝給你,謝謝。

加油!活出精彩的自己,過去就過去了。

喬志

善男

嗯嗯,謝謝喬志哥,我會努力的。

我接觸到的報復有很多種，但是原因都差不多，小三不甘心，小王不高興，男女朋友劈腿，多半是因為看不慣另一方逍遙自在，自己卻臉紅脖子粗氣得半死。

「妳想要怎樣？」我一定一開始就問這一句。
接下來，小三一定不滿被甩，想辦法要告訴他老婆。
妳說啊？說的同時所有人就知道妳的存在，
應該是說一開始，妳就不該存在，他有全家人在他背後，
妳有什麼？

「是他先勾引我的！」
妳也只有這句可以講，更何況當初萬一是妳勾引他呢？
妳能做的，就是離開這個人，而且再也不要心軟，
不要讓他再找到妳，碰妳。
妳唯一可以跟他老婆講的時機是，在他一開始有意圖要接近妳就該說了，這才是阻止錯誤發生的正確選擇。
如果已經在一起了，鬧，只會讓自己看起來更愚蠢而已，
更何況還要做出更激烈的事？

如果他是一個爛人，
為了一個爛人，賠上自己的未來還觸犯法律，
搞不好連命都丟了，值得嗎？

你們的感情，如果已經是錯誤，
不甘心，報復，
就是把一個錯，變成兩個錯。

237

*🔇 12:24 AM .ıl 🔋

女性 24 yrs

信女

> 我 24 歲。我和前男友分手的原因是因為我看不到和他的未來。
>
> 他即將赴美讀書,而我只會變成他的累贅,所以我騙他我不愛他,讓他離開我。但是分開後,我每晚淚如雨下,甚至哭求他跟我辦手續登記結婚,畢竟我有他給我的保障,我可以安心。可是他反對,而且反感,還拒接我一切來電和訊息。後來,我抓到他和別的女生約會,我才知道他早已經有一片天了。
>
> 我跟他分分合合的過程中,我甚至想隨便把自己嫁給我不一定愛的人,只要有人願意疼我照顧我,讓我慢慢忘記他。
>
> 可是,我始終無法真正愛上別人。
>
> 我在家人面前假裝沒事,在朋友面前嘻嘻哈哈。
>
> 這一切痛苦,都是我自找的。
>
> 我突然領悟到,我的未來不會快樂了。
>
> 我如果死了,至少我不用擔心有一

➕ Enter message... ☺ 👍

信女

天得知他屬於別人，不用幻想誰在他身邊。我打算明天就結束這個我不想看到的一切。

我知道我不孝，但是真的痛苦到撐不下去了。告訴你這一切，我彷彿鬆了一小小口氣，希望我明天會有勇氣將一切痛苦結束。

我怨不得人，只能怪自己。只有讓我的生命消失在世界上，才不會有痛苦。

喬志

妳走了，會錯過多少愛的人，還有即將愛上妳的人？

如果愛情沒有帶著折磨跟痛，人們怎麼會懂得珍惜？

現在，關心妳的人，多了一個我。

答應我，為了我們，狠狠地哭一場，哭過了，給鏡子裡面那個小傻蛋一個微笑。

有空，給喬志哥訊息，讓我知道妳好好的，嗯？

＋　│　Enter message...　　　　　☺　👍

㉓

重症

即刻救援

雖然說，
生命是自己的，取捨可以自己決定，
但是不應該留下一群愛你的人，自私的走。

我發現，這樣子的留言，
其實是會產生一種連鎖效應的，
當大家在情緒走投無路的時候，
發現了以生命相逼，竟然是可以得到溫暖，
於是接二連三的，我收到許多口吻類似的訊息。
也許是希望有人聆聽吧！
大家在訊息裡面徹底地紓發崩壞的情緒，
我不敢斷定是不是有些地方稍微過分誇大了。

一開始感情受挫，想賭上性命
後來有人工作不順，想賭上性命
接著家裡父母失和，想賭上性命
最後連寵物失蹤，都可以賭上性命

我的言語也開始慢慢轉變成嚴肅，希望透過我的嚴肅，讓
他們感受到我的認真。當我認真看待妳的問題，請妳也認
真看待妳自己。是不是真的值得浪費自己的時間，為那個
不討喜的人多掉一滴眼淚。
妳會發現，留住自己，比留住他，來得重要，勇敢，有意義。

我願意認真看待每個心碎的故事。
即便妳對我來說只是陌生人，所以妳一定值
得有人關心有人愛的。
要拚命？就拚在自己精彩的人生上，不是拚
在某個爛人身上。

喬志哥，我想結束自己報復我前男友，讓他後悔一輩子！

我尊重妳的決定，但是妳走了怎麼看得到他後悔的樣子？

統一處方

(01)

給：只想享受愛情不想承擔責任的人

無關年齡，我常聽到「我們真的很愛對方」

那就娶她，那就養她，
那就把孩子生下來啊？

「可是他還沒當完兵」
「可是我媽不准」
「可是她還沒畢業」
「可是我還住在家裡」
「可是他目前沒有工作」

真的愛，就克服這些「可是」。

家庭臍帶都切不斷，
怎麼撐起幸福？

我們都有愛的能力，
但是別忘了，
愛，是需要能力的。

給：婚後發現老公不忠，怎麼辦？

生氣？
氣什麼？當初也是妳點頭答應要嫁的。
承認吧，婚禮上那個白馬王子，
現在騎在別的女人身上了。

相信？
是啊，相信他絕對還會再犯。
反正當初妳不相信他會做的事，
現在也得相信了。

告狀？
跟公婆說有屁用，
多兩張嘴罵他？
還是多兩個老的操心？

離開？
去哪？娘家？巷口的小7？
太陽下山前還不是乖乖回家，
想離婚也還得兩個人都簽字呢！

妳能做的是，
過好自己的日子，帶好小孩子，
不要成為只會每天等門的廢妻。
給他所有的愛，
建立起誰都影響不了的感情。

在婚姻裡容忍，不是懦弱的表現，
而是軟性懲罰的智慧。
日子久了，孩子大了，再做打算。
為什麼不能馬上離婚？
因為這是你們倆面對婚姻問題，起碼應該負的責任。

婚姻不是便利店，想來就來說走就走，
除非是有暴力傾向，不然就試著解決。

很殘忍，但是很抱歉，
這就是婚姻。

⓪③

給：失戀後，活得更好的人

你手掌向下，
把她當石頭丟掉。

他手掌向上，
托住她，拍去塵土。

她竟然散發鑽石般光芒，
光芒吸引了你，
她不再是小石頭了？
她怎麼比以前更美好了？

於是，你懊悔，你不甘，
你心如刀割，你輾轉難眠，
你痛哭失聲，你意志消沉，
心中鬼打牆的充滿兩個字
這就是「挽回」。

(04)

給：在愛情裡，我應該要做什麼樣的人？

很可惜，
我不能告訴你們，在愛情裡應該要做什麼樣的人。

但我可以提醒你們，在愛情裡來臨的時候，
不要變成那種當你還沒進入愛情之前，
就討厭，看不起，唾棄的角色。

05

給：分手未滿 3 個月的人

分手統一處方，
目前只有「時間」。

為舒緩分手症狀，建議「3 多 3 不」。

多聽情歌（準備大哭）
多喝水（可以哭久一些）
多出來的時間做自己的事

不 follow 對方動態（朋友圈，臉書，交友軟體）
不嘗試挽回（你只是不甘心）
不要約對方出來做朋友，但是車頭往旅館方向。

以上療程，從「放手」開始，
勿心存僥倖。

06

給：回頭，想要復合的人

分手短期內的挽回，
就像是對著山谷大喊「我還愛你」，
秒差之後的迴響帶來假性安慰，
不但是欺騙自己，也拖累對方。

後 記

你們現在覺得需要什麼呢？
或是你們覺得台灣在愛情這個學分需要什麼？

我們都曾因為愛情而荒謬，
荒謬得可愛，荒謬得可笑，
荒謬得可悲，荒謬得可恨，甚至荒謬得可怕；
我們都無法，也無權改變身邊的人，
或是殘破不堪的兩性教育，
但是我們可以認識自己在愛情裡的需要。
忠實，坦白，並且大方的面對自己，
每一段愛情的雛型，都是自己捏塑出來的。
如果連自己都看不懂自己對愛情的樣貌，
那麼，又怎麼要求別人對你的愛情，
聽得懂，看得清，做得對呢？

我期待，也不期待你們出現在我的私訊裡面，
因為有人出現，就代表有人受傷；
有人為愛受傷，是我最心疼的事。

持續裝滿對愛的好奇與期待，
持續相信愛。

喬志先生

喬志先生愛情診斷室

作　　　　　者－張兆志

主　　　　　編－陳秀娟

責　任　編　輯－楊淑媚

美　術　設　計－Rika Su

校　　　　　對－張兆志、楊淑媚

行　銷　企　劃－塗幸儀

優活線編輯總監－梁芳春

董　　事　　長－趙政岷

經　紀　公　司－齊石傳播有限公司

出　　版　　者－時報文化出版企業股份有限公司

　　　　　　　　108019台北市和平西路三段二四〇號七樓

　　　　　　　　發　行　專　線－（〇二）二三〇六－六八四二

　　　　　　　　讀者服務專線－〇八〇〇－二三一－一七〇五

　　　　　　　　　　　　　　　（〇二）二三〇四－七一〇三

　　　　　　　　讀者服務傳真－（〇二）二三〇四－六八五八

　　　　　　　　郵　　　　　撥－一九三四四七二四時報文化出版公司

　　　　　　　　信　　　　　箱－一〇八九九臺北華江橋郵局第九九信箱

時　報　悅　讀　網－http://www.readingtimes.com.tw

電　子　郵　件　信－yoho@readingtimes.com.tw

法　律　顧　問－理律法律事務所　陳長文律師、李念祖律師

印　　　　　刷－和楹印刷股份有限公司

初　版　一　刷－二〇一四年十二月五日

初　版　十　三　刷－二〇二〇年七月二十一日

定　　　　　價－新台幣二八〇元

喬志先生愛情診斷室 / 張兆志作 . -- 初
版 . -- 臺北市：時報文化, 2014.12
面；　公分
ISBN 978-957-13-6134-5（平裝）

1.戀愛 2.兩性關係
544.37　　　　　　　　　　103023284

時報文化出版公司成立於一九七五年，
並於一九九九年股票上櫃公開發行，於二〇〇八
年脫離中時集團非屬旺中，
以「尊重智慧與創意的文化事業」為信念。

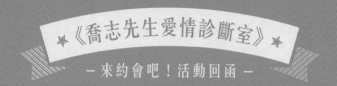

《喬志先生愛情診斷室》

－ 來約會吧！活動回函 －

只要您完整填寫本回函，並於 2015/01/05 前（以郵戳為憑），寄回時報文化，就可獲得和喬志先生共進下午茶的機會，一起來聊聊愛情裡的是與非，機會難得，僅此一場，千萬不要錯過喔！

活動辦法：

1. 本活動將於 2015/01/17 在台北咖啡廳舉辦，預計下午 14:00 － 16:00 共兩小時。

2. 請撕下本回函（不得影印），填寫個人資料（凡憑正本回函可無限制投遞），黏封完成請寄回時報文化，即有機會與喬志先生共進下午茶。

3. 本活動將抽出 30 位讀者參加活動，並於 2015/01/09 由專人通知得獎者詳細活動地點。

4. 如活動前確認還有可以遞補的名額，會再另行通知。

-------------------------------- 對 摺 線 --------------------------------

讀者資料（請務必完整填寫，以便通知活動入場以及相關訊息）

	12:24 AM	
姓　　名：		□先生 □小姐
年　　齡：		
職　　業：		
聯絡電話：〔H〕	〔M〕	
地　　址：□□□		
E-mail：		

＋ ｜ Enter message... 　　　　　　　　☺ 👍

注意事項： 1. 本回函請正本寄回，不得影印使用。
　　　　　 2. 本公司保有活動辦法變更之權利。
　　　　　 3. 若有其他疑問，請洽專線：（02）2306 － 6600 分機 8215 塗小姐。

喬志先生
愛情診斷室
一句神回覆，強過千言萬語的苦勸

在愛情裡，我們都自以為是唯一悲劇，其實劇本相同，只是名字換了，你或妳，是不是已經分不清楚這是別人還是自己？

23 份完整病歷，百位網友委屈的、想不透的、糾結的、鬼打牆的、治不好的愛情病，寫給所有急需看見愛情美好的男女

※ 請對摺黏封後直接投入郵筒，請不要使用釘書機。

時報文化出版股份有限公司
108 台北市萬華區和平西路三段 240 號 2 樓
第三編輯部優活線 收